MAIK CABRERA FERLING

GENERATION WEICHEI

Eine Kindheit ohne Strafen

Berichte des täglichen
Irrsinns!
Ein Erziehungsratgeber
für Eltern die eine
Erziehung ohne
schimpfen für ihre
Kleinkinder und Kinder
wollen.
Durch Konsequenzen
andere Wege
gehen.

INHALTSVERZEICHNIS

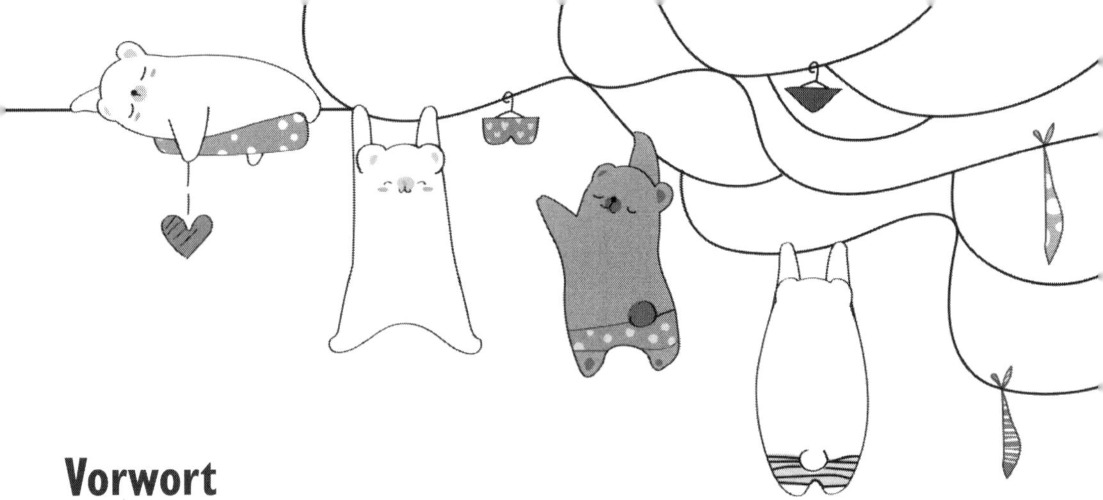

Vorwort

Liebe Eltern, liebe Leserinnen und Leser,

Kindererziehung ist kein Klacks. Nicht ohne Grund existieren dazu Ratgeber ohne Ende und nicht umsonst gehen sich selbst die heilsten Familien bei dem Thema an die Gurgel.

Da Sie sich für dieses Buch entschieden haben, interessiert Sie wahrscheinlich besonders, wie Kindererziehung NICHT funktioniert. Diese Frage beantworten Ihnen die Fallbeispiele, bei denen so manches Gelächter und Stirnrunzeln nicht ausbleiben wird. Als kleinen Bonus erfahren Sie natürlich auch, wie Sie diese Pannen vermeiden und es besser machen können. Dass weder Sie noch Ihr Nachwuchs mit der Konsequenz einer inkonsequenten Erziehung leben möchten, führt Ihnen neben den Fallbeispielen auch das Extrakapitel vor Augen.

Frohes Lesen, viel Gelächter und eine Menge Aha-Momente!

Dokumentation wahrer Erlebnisse und derer Absurditäten

Ich möchte Sie gar nicht lange auf die Folter spannen. Fangen wir doch direkt an mit dem Hauptteil des Buches und den größten elterlichen Pannen. Auf gut Glück, dass Sie davon etwas mitnehmen. Denn es gibt Erfahrungen, die muss weder der Nachwuchs noch man selbst machen.

Meine Kinder sagen, wo es langgeht

In manchen Situationen frage ich mich wirklich, was sich Eltern dabei denken. Oder denken sie (in diesen Momenten) überhaupt etwas? Tja, eine Antwort darauf wird es wohl nie geben. Fest steht aber: Eine Autoritätsperson stellen diese Menschen für ihren Nachwuchs so garantiert nicht dar! Ganz egal, ob sie es sich selbst leicht machen wollen oder es vermeintlich nur gut mit ihrem Kind meinen.

Aber kommen wir zum Punkt: Eine Bekannte Anfang 30 war mit ihrem 5-jährigen Sohn auf dem Spielplatz unterwegs. Ich begleitete die beiden.

Dem Jungen gefiel es dort sichtlich, was ja ohne Zweifel Sinn des Ganzen war. Der Kleine begeisterte sich für Schaukel, Rutsche, Häuschen und Sandkasten, während wir uns nett unterhielten. Doch wie sich nach über zwei Stunden herausstellte, hatte der Sohnemann etwas zu viel Gefallen an dem Spielplatz gefunden. Er wollte einfach nicht gehen. Ja, ich glaube, dieses Szenario kennen viele von Ihnen. Das ist nichts Sonderbares oder Weltbewegendes. Doch jetzt kommen die Eltern ins Spiel. Ihr Handeln ist gefragt. Und genau das blieb bei meiner Bekannten aus. Oder sagen wir besser: Erst gar nicht auf ihr Kind zuzugehen und es weiterspielen zu lassen, wäre eine bessere Reaktion gewesen als die ihre. Sie schlenderte also zu ihrem Nachwuchs und teilte ihm mit, dass es jetzt an der Zeit wäre, nach Hause zu gehen. Der war darüber ganz und gar nicht erfreut. So weit, so gut. Wer möchte sich auch bei purem Sonnenschein und so vielen Spielmöglichkeiten wieder zu Hause langweilen?! Doch dann fing der Kleine an, mit seiner Mama zu diskutieren. „Eine Minute noch!" Ja, auch das kommt so manchen von Ihnen sicher bekannt vor. Kinder versuchen halt gerne ihr Glück und wollen ihren Willen durchsetzen. Vor allem aber testen sie Grenzen aus. Und das Fatalste ist, ihnen diese Grenzen nicht zu setzen.

So wie bei meiner Bekannten und ihrem Sohn. Da stimmt sie ihrem Kleinen doch tatsächlich zu, mit den Worten: „Na gut, die eine Minute noch!" Was nach dieser Minute geschah, können sich vor allem die Elternteile unter Ihnen sicher vorstellen: Die 60 Sekunden reichten dem jungen Herren eben doch nicht aus! Also sollten es noch fünf weitere Minuten werden. Und auch dem gab die Mutter nach. Nachdem diese Zeit vergangen war, stieß meine Bekannte natürlich – wer hätte es gedacht – abermals auf taube Ohren!

Etwas mehr Härte als zuvor zeigte sie dann doch, indem sie betonte, dass sie nun gerne nach Hause gehen würde. Er hätte ja schließlich schon lange gespielt und die beiden bereits zweimal ausgemacht, dass nun Feierabend ist. Eine erfolgversprechende Ansage? Nun ja ... so erfolgversprechend, dass ihr Nachwuchs mit „später" reagierte, statt wieder eine vermeintliche Zeitangabe zu nennen. Dann verkroch er sich zurück in sein Spielhäuschen und backte in aller Ruhe seine Sandkuchen weiter. Die Mutter zog sich stillschweigend zurück zu mir auf die Bank. Ziemlich verdutzt und ebenfalls sprachlos musterte ich sie. Ich erkannte natürlich von Anfang an, was hier ablief, aber sollte ich mir tatsächlich das Recht rausnehmen, in ihre sogenannte Erziehung reinzugrätschen? Das war mir auf der einen Seite doch eine Nummer zu heftig. Schließlich waren wir nur Bekannte und sie hatte mich auch nicht um Tipps gebeten. Auf der anderen Seite konnte ich hier kaum mehr zuschauen. Sowohl das Kind als auch die Mutter taten mir auf eine gewisse Art und Weise leid. Er bekam keine Grenzen und sie konnte keine setzen. Als wir wieder mit dem Smalltalk begannen, überlegte ich, ob und wie ich das Gespräch darauf lenken konnte. Doch muss ich zugeben, dass sich für mich kein passender Zeitpunkt ergab, um das Thema anzuschneiden. Oder redete ich mir das nur ein, weil ich zu feige war? Ja, ich gestehe, das ist durchaus möglich.

Zum Glück erledigte sich das Problem nach weiteren groben 45 Minuten von selbst. Sohnemann hatte die Nase voll vom Sandkuchen backen. JETZT hatte der Bäcker seinen Feierabend beschlossen und wollte von sich aus zusammen mit uns den Heimweg antreten. Ach – dass wir das noch erleben durften!

Was lernen wir daraus? Ich glaube, mein Bekannte nichts bis kaum etwas. Vermutlich ist der Kleine diesen „Vorgang“ schon gewohnt. Mama lässt sich schneller weich kochen als ein Ei. Da ist es auch kein Wunder, dass er es immer wieder aufs Neue probiert. Der Erfolg spricht ja schließlich für ihn und Mutti ist fein raus! Aber nein – umso einfacher es scheint, desto schwerer macht sie es sich. Sohnemann hat gelernt, dass ER bestimmt, wo es langgeht! Und ein Kind, das einmal diese Erfahrung gemacht hat, lässt so schnell nicht mehr locker. Da können Sie sich sicher sein! Deshalb ist es wichtig, es so weit erst gar nicht kommen zu lassen! Gehen Sie keine Diskussionen mit den Jüngsten ein! Sie wollen ja schließlich nicht das Schaf sein, dem der Schäferhund (das Kind) den Weg erklärt. SIE sind es, die Biss zeigen sollten! Wenn auch natürlich auf liebevolle Weise. Sanft, aber bestimmt. Kinder brauchen Grenzen. Sie sehnen sich gar insgeheim danach. Schließlich sollen sie später nicht nur körperlich, sondern auch innerlich groß und stark werden. Dafür benötigt es Sicherheit. Und die erhalten sie unter anderem durch klare Grenzen.

Merken Sie sich: Wer mit Kindern zu diskutieren beginnt, hat verloren! Was wäre in diesem Fall also die Lösung gewesen? Sich gar nicht erst auf Diskussionen einzulassen und standhaft zu bleiben! Mit klaren Worten, einer festen Haltung und ohne Wenn und Aber! Jetzt ist es Zeit, nach Hause zu gehen. Punkt. Eine für Kinder nachvollziehbare Argumentation wäre vor allem folgende gewesen: „Du darfst noch einen Sandkuchen backen, dann gehen wir nach Hause!“ Oder falls der Kleine an der Rutsche zugange gewesen wäre, dass er noch dreimal rutschen darf und dann Feierabend ist. DAS wäre eine Angabe gewesen, mit der die Kids was anfangen können!

Davon abgesehen: Ist Ihnen der größte Witz an der Story aufgefallen?

Sohnemann diskutiert mit Mutti, noch eine oder fünf Minuten länger bleiben zu können. Dabei ist der Junge selbst gerade erst fünf. Kindern in diesem Alter fehlt noch jegliches Zeitgefühl. Sie können die Dauer, von der sie sprechen, überhaupt nicht einschätzen. Dennoch stimmte meine Bekannte zu und musste dann mit der Enttäuschung klarkommen, dass der Junge nach besagter Zeit noch immer nicht den Heimweg antreten wollte. Das ganze Spiel ging sogar mehrfach hin und her. Beendet wurde es nicht von der Mutter – sondern dem Kind! Das hielt die Karten in der Hand und bestimmte die Spielregeln.

Ob die Mutter auch bei 1.000 Minuten klein beigegeben hätte? Es wird ein ewiges Geheimnis bleiben.

Überall das gleiche Szenario

Über so manches könnte man lachen, wenn es nicht so traurig wäre. Dass Eltern sich dank gewisser Erziehungsmethoden, die keine sind, selbst eine reinhauen – schön und gut. Aber muss es wirklich so weit kommen, dass Dritte darunter leiden?! Wenn nicht, warum bringt dann gefühlt jede zweite Familie das Gleiche? Die Rede ist von Haustieren. Nennen Sie mir ein Kind, das sich noch keine gewünscht hat. Da werden Sie auf gut Glück eines oder zwei zusammenkriegen. Was verständlich ist. Wahrscheinlich erging es Ihnen als Jungspund nicht anders. Und es ist auch ohne Zweifel schön und förderlich, wenn Kinder mit Tieren aufwachsen.

Den Traum von einem Hund, Kaninchen, Vogel oder anderem „Exemplar“ wollen die meisten Eltern ihrem Nachwuchs also nicht unerfüllt lassen. Obwohl sie selbst getrost darauf verzichten könnten. Aber wenn Sohn oder Fräulein Tochter Bock darauf haben, soll es ihnen nicht verwehrt bleiben. Auch dann nicht, wenn die Idee aus dem Nichts auftaucht oder mal geschwind nach einem Besuch in der Tierhandlung zum Vorschein kommt, in der man den Kleinen eigentlich nur kurz den knuffigen Hamster präsentieren wollte, der sich lässig seine Backen vollstopft. Wie im folgenden Fall.

Die Nachbarn einer Freundin haben einen 6-jährigen Sohn. Die Vier haben ziemlich engen Kontakt. Der junge Mann liebt wie so viele seiner Altersgenossen Tiere über alles. Also besuchten Mama und/oder Papa ab und an mit ihm den Zoo oder eine Tierhandlung. Natürlich nur zum Schauen. Okay, dass sie nicht vorhatten, dem Kleinen eine Giraffe oder einen Elefanten aus dem Zoo mitzunehmen, ist Ihnen wahrscheinlich klar. Aber auch die Tierläden sollten als Unterhaltungswert dienen. Wie an einem Freitag nach dem Kindergarten. Ein optimaler Start, um die Woche aus- und das Wochenende einklingen zu lassen. Wenn da nur das Wörtchen „Wenn" nicht wäre. Da der Vater arbeitstechnisch verhindert war, huschte die Mutter mit ihm in die Handlung. Gewohnheitsmäßig kam der Junge von den Hamstern am wenigsten los. Wenn die sich ausnahmsweise auch mal tagsüber von ihrem Mittagsschlaf losreißen konnten. Kaninchen und Co waren für ihn nett anzusehen. Aber gefühlt nur für ein paar Sekunden, bis es ihn dann zu seinen Lieblingsnagern zog.

Und da war er auch schon. Der kleine fluffige Teddyhamster, der männchenmachend vor sich hin futterte und das Kind dabei mit seinen großen schwarzen Knopfaugen anblickte. Sohnemann sah ihm ewig zu und warf mit Kommentaren darüber, wie süß das Tierchen doch sei, nur so um sich. „Oh Mama, guck mal, was der jetzt macht!", wurde jeder Schritt des Nagers außerdem beäugt. Nach einer Viertelstunde hatte Mama aber genug vom Hamster-Kino. Sohnemann dagegen noch lange nicht. Und das änderte sich auch in den nächsten 15 Minuten nicht, die die Mutter ihrem Kind zuliebe opferte. Auch sein Lieblingsessen, Burger mit Pommes, sollte ihn nicht dazu überreden, endlich den Heimweg anzutreten. Stattdessen fiel ein: „Mama. Den will ich haben!“ Aber das ging natürlich nicht und das machte sie ihm auch klar. So gut sie eben konnte. Aber offensichtlich nicht gut genug. Der Kleine verschränkte trotzig die Arme und schüttelte mit dem Kopf als Antwort auf jede Überredungskunst seiner Mutter. Da blieb ihr natürlich nichts anderes übrig, als schwach zu werden. Also fand der Hamster ein neues Zuhause. Natürlich samt Käfig und allem, was das kleine Fellknäuel halt so brauchte. So begeistert der junge Mann war, desto trübseliger fiel die Miene bei seinen Eltern aus. Vor allem beim Vater, der von seinem Glück keine Ahnung hatte.

Aber Hauptsache, der Junge hatte, was er wollte, und Mama damit ihre Ruhe. Jetzt konnte er sein Hamster-Kino endlich von morgens bis abends in den eigenen vier Wänden begutachten. Ja, sogar im eigenen Zimmer. Da bekam der kleine kuschelige Kerl seinen Ehrenplatz. Der, wie sich im Nachhinein herausstellte, gar nicht so kuschelig war. Zottel, wie er liebevoll getauft wurde, hatte nämlich keine Lust auf Kuscheln. So gar keine. Seine Wahl fiel eher darauf, sich am Finger seines 7-jährigen Besitzers festzubeißen. Der war darüber natürlich weniger erfreut und schrie die Bude voll, bis Mama und Papa sich um sein Wehwehchen kümmerten. Böser Zottel! Und noch viel ungezogener war, dass der zottelige Freund es ernsthaft wagte, gefühlt 90 % des Tages zu verpennen und sich erst am Abend blicken zu lassen. Und vor allem nachts. Frechheit! Wie kann der sich so was trauen?! Hatte er denn nicht kapiert, warum er da war?!

Um sich von seinem Besitzer durchgängig begutachten und bekuscheln zu lassen natürlich! Aber sicher nicht, um den Tag verbuddelt im Eck zu verpennen und den Jungen mit einem blutigen Biss in den Finger zu begrüßen. Und dann wäre da ja noch der Geruch, der nicht gerade an Vanille erinnert. UND sein motiviertes nächtliches Sportprogramm auf dem Laufband. Äääähm, Laufrad meinte ich natürlich! Das Sohnemann nachts gerne mal aus den Federn schmeißt.

So einem unhöflichen Kerl wollte der natürlich nicht entgegenkommen und ihm auch noch sein Zuhause säubern. Da halfen die größten Knopfaugen nichts mehr. Also mussten Mama und Papa ran. Das kleine Fellknäuel will ja schließlich versorgt werden. Das hätte Sohnemann doch wissen müssen! Genauso, dass das Nagetierchen die Nacht dem Tag vorzieht, dabei nicht gerade Rücksicht nimmt, unangenehme Gerüche hinterlässt und als Krönung auch noch auf seinen Auslauf besteht. Während dem er dann seinem Namen alle Ehre macht und auch Spielzeug und Holzbett des Jungen nicht unbenagt lässt. Da bekam Mamas und Papas Liebling aber was zu hören! Was fiel dem bitte ein, sich ein Tier anzuschaffen und es dann links liegen zu lassen, weil es dem Herrn nicht in den Kram passt?! Die ganze Arbeit eiskalt den beiden zu überlassen? Gings eigentlich noch?! Und das nächste Mal will er ein Lama und wer weiß, ob er dann nicht auch bald die Schnauze voll hat, weil das Tier sich rausnimmt, ihn durchgängig zu bespucken. Und dann dürfen sich die Eltern wieder um seinen einstigen Freund kümmern!

Ich hoffe, Sie erkennen die Ironie hinter meinem Schreibstil. Und genauso hoffe ich, dass ich IHNEN bezüglich dieses Themas keinen Vortrag halten muss. Sie können sich sicher vorstellen, dass ich es dennoch aus Prinzip tue. Lassen Sie mich gleich zur Sache kommen. Was geht in den Köpfen solcher Eltern vor?!

Dass das Kind durch ein bisschen Jammern kriegt, was es will, ist schon heftig genug. Aber in diesem Fall geht es nicht um das neueste Matchbox-Auto, sondern um ein lebendiges Wesen! Ob es sich dabei um einen Hamster, Hund oder ein Lama handelt, tut gar nicht viel zur Sache. Es geht ums Prinzip! Wenn diese Leute ihrem Nachwuchs schon alles gewähren, dann doch bitte wenigstens mit ein paar „Was wäre, wenn ...-Gedanken" dahinter, denn die werden sie in tierischen Fällen des Öfteren brauchen. Es muss doch ein schlechter Witz sein, dass die Eltern ihrem 6-jährigen Kind mal schwups die Gesamtverantwortung für ein Lebewesen zuschieben, weil es gerade halt Lust und Laune darauf hat. Und das auch noch, ohne den Nachwuchs nur ansatzweise darüber aufzuklären, welche Bedürfnisse das Tier hat. Dass es nicht wie sein XXL-Kuschelhamster ins nächste Eck gestellt und verstauben kann, wenn der Herr auf einmal keinen Bock mehr darauf hat. Aber wie sollten sie ihm das auch erklären?

Offensichtlich fehlte ihnen selber der Weitblick, dass es sich hier um kein Stofftier handelte, sondern um ein lebendiges, das trotz seines Miniformats einen ganzen Haufen Arbeit und Probleme mit sich bringen kann. Und vor allem nicht wirklich für Kinder in dieser Altersklasse empfohlen ist. Klar gibt es Ausnahmen. Jungspunde, die 1a mit den kleinen Nagern harmonieren und sich auch (fast) alleine um sie kümmern. Von der Regel sollte man hier aber nicht ausgehen. Zum Glück hat sich meine Freundin erbarmt und das kleine Fellknäuel zu sich genommen. Dort kann er nach Lust und Laune und zu jeder Tageszeit rumturnen, durch die Gegend stinken und muss auch nicht kuscheln. Nett von meiner Freundin? Ja, für den Nager schon. Aber für die Eltern wäre es doch eine logische Konsequenz gewesen, das Schlamassel, das sie sich selbst eingebrockt haben, auszubaden. Das ist mies? Na ja. Wir haben es hier die ganze Zeit davon, dass Kinder, was ihr Handeln angeht, auch mit Konsequenzen rechnen müssen. Warum sollte das nicht auch mal für Eltern zutreffen?

Diese Geschichte hier ist keine Rarität, sondern ein trauriger Dauerzustand. Auf diese „nette" Idee kommen Erwachsene bekanntlich vor allem an Weihnachten gerne. Weshalb sich dann die Tierheime im Frühjahr mit Hund, Katze und Co füllen.

Sehr geehrte Eltern! Ich denke, mit diesem Vortrag ist alles gesagt. Aber gerne bringe ich es noch mal auf den Punkt: Ein Tier ist kein Spielzeug, sondern ein Lebewesen! Wenn Sie Ihrem Nachwuchs eines schenken möchten, dann nach reichlicher Überlegung mit Hand und Fuß. Und nicht, weil das Kind quengelt und ansonsten die Spaghetti verweigert (wobei das schon eine reife Leistung wäre). Auch nicht, wenn es die gesamte Nachbarschaft zusammenschreit! Die Bedürfnisse des Tieres müssen Ihnen bekannt sein und erfüllt werden. Ganz egal, ob Sohnemann oder Fräulein Tochter gerade lieber mit der Babyborn oder der neuesten Star-Wars-Figur spielt. Das Kind hat zu erfahren, was der neue Bewohner braucht und welche Regeln es zu erfüllen hat. Und dennoch müssen Sie IMMER einkalkulieren, dass am Ende die (meiste) Arbeit an Ihnen hängen bleibt. Versaut Ihnen allein der Gedanke daran schon den Tag, lassen Sie sich Ihren Nachwuchs, wenn er später auszieht, seinen eigenen privaten „Zoo" anschaffen.

Und deshalb: Laden Sie die Schuld nicht bei Ihrem Kind ab, wenn die Sache daneben geht. Wenn Sie Ihrem Nachwuchs, der noch nicht mal ansatzweise die Pubertät erreicht hat, ein Lebewesen zugestehen, liegt die Entscheidung und Verantwortung bei IHNEN! Das Tier kann schon gar nichts dafür und darf am Ende nicht der Leidtragende sein!

Manche Eltern sind sogar pfiffig

Mir sind so einige Eltern bekannt, die ihre Kinder scheinbar bestens im Griff haben. Sie wissen über ihren Nachwuchs Bescheid. Wie er tickt und wie er zu händigen ist. „Applaus" würde ich dazu sagen – wenn es denn nur in die richtige Richtung ginge und ich ihn ehrlich aussprechen könnte. Aber sorry, da bin ich raus. Das beste Beispiel ist ein Kumpel, der eine 2-jährige Tochter hat. Aus diversen Gründen lebt die Kleine bei ihm und sieht ihre Mutter nur alle paar Wochen. Sie ist Papas Mädchen und die Prinzessin. Wie es sich für Prinzessinnen nun mal so gehört, wird der Madame alles auf dem Silbertablett serviert. Dramatisch ist, dass Sie mich hier fast beim Wort nehmen können. Da hat das Mädel zu Hause ihren speziellen Teller. Rosa natürlich. Mit einer Krone, einer Kutsche und – wie sollte es auch anders sein – einer grinsenden Prinzessin in der Mitte. Schön und gut, dass er ihr damit eine Freude machen konnte. Weniger schön ist es, dass sie auf diesen Teller besteht. Also hat mein Kumpel ihn sich gleich mehrfach zugelegt. „Das ist so schön unkompliziert. Von diesem Teller isst sie immer. Ich muss nicht mit ihr diskutieren oder sie zu irgendwas überreden!", erklärte er locker und entspannt. Doch was sein Leben erleichterte, machte es anderen unnötig schwer.

Denn die Lady bestand auch im Kindergarten auf ihren besagten Teller. Zum Frühstück und Mittagessen ging ihr Magen deshalb meist leer aus. Und die Erzieher verschwendeten sinnlos ihre Zeit. Jeder Überredungsversuch, jede Konsequenz scheiterte. Es war ein Wunder, wenn sie überhaupt mal bei ihrem Lieblingsessen einknickte. Da die Erzieher die Masche meines Freundes aber nicht weiterführen wollten, blieben sie standhaft. Wenn auch meist erfolglos.

Wie gesagt. Meist. Die Kleine hat zum Beispiel eine Vorliebe für Bananen. Da kam sie dann ab und an von ihrem Prinzessinentrip runter und gab sich mit dem doofen weißen Kindergartenteller zufrieden. Wenn das Wörtchen „Wenn“ nicht wäre. Denn ihr Lieblingsobst musste auf eine bestimmte Art und Weise geöffnet werden. Und wenn die Erzieher ihr das nicht recht machen konnten – Pech gehabt! Da blieb die Banane dann mit einem abwehrenden „Nein“ auf dem Teller liegen.

Auch in der Gartenzeit musste die Kleine zeigen, wer die Herrin im „Haus“ war. Den Kids standen dort Bobbycars zur Verfügung, aber natürlich nur in begrenzter Anzahl. Die Regel lautete: Wer zuerst kommt, mahlt zuerst. Oder besser gesagt, fährt. Das Wort Regel war der Tochter unseres Kumpels aber nicht bekannt. Wie auch? Zu Hause wurde nach der Pfeife von Madame getanzt. Wenn die Dreirad fahren wollte, hastete Daddy mit ihr in den Hof. Auf der Stelle. Ohne Wenn und Aber.

Damit könne er sich das ganze Gekreische ersparen, teilte er mir mit. Sie tobt sich aus und er hat seine Ruhe.

So musste das natürlich auch im Kindergarten sein. Wenn die Lady dort im Garten mit dem Bobbycar fahren wollte – dann hatten die anderen Jungs und Mädels gefälligst darauf zu hören! Dass die aber auch ihren eigenen Kopf hatten, war ihr irgendwie fremd. Und das blieb es auch. Papi hatte den Dickkopf nach dem Motto „Ich schone meine Nerven und gebe meiner Prinzessin, was sie will“ zu groß werden lassen. Also mussten nicht nur die Erzieher, sondern auch die anderen Kinder dran glauben. Die wurden von ihr verfolgt, als sie ihre Runden mit dem Bobbycar drehten.

Sie gaben nicht nach. Aber Madame auch nicht. Also zerrte sie die Kinder mit Gewalt vom Fahrzeug. Selbst ist die Frau!

Wenn die ihr Bobbycar kreischend verteidigten und sich wieder draufsetzten, ging das Spiel die gesamte Gartenzeit über so weiter. Die kleine Prinzessin verfolgte ihre „Feinde“ über den gesamten Hof und ließ sich dabei von nichts und niemandem abbringen. Die Erzieher kamen mit Worten und Erklärungen nicht weiter. Die Lady hatte sich etwas in den Kopf gesetzt. Punkt! Die einzige Möglichkeit der Erzieher war, das tobende Mädel die ganze Zeit über festzuhalten. Das wollte sich keiner dauerhaft geben.

Und wie bekamen sie die Kleine innerhalb der Einrichtung dazu, am Kindergartenalltag mit aktiv zu sein? Überhaupt nicht. Ob, wann und wo Madame mitmachte oder nicht, entschied ganz allein sie selbst. Wollte sie nicht in den Stuhlkreis, fand man sie eben schreiend auf dem Boden wieder. Das Spiel konnte sie stundenlang durchhalten. Vergessen wir nicht, dass Kinder im

Grunde genommen soziale und gerechte Wesen sind und diese Ader, je nach Mamis und Papis Erziehungsmethoden, mehr oder weniger zum Vorschein kommt. Demnach machten sich auch die „kleinen Großen“ aus dem Kindergarten ab und an an die Aufgabe, die Prinzessin mitzuerziehen und ihr noch mal die Regeln ins Bewusstsein zu rufen. Gedankt wurde es ihnen mit einem Zwicken in den Arm oder die Backe, sodass kurz darauf der Nächste heulend am Boden lag. Natürlich. Gegen so eine Ungerechtigkeit musste sich die Madame doch zur Wehr setzen! Papi lässt ihr ja schließlich auch alles durchgehen. Da kann es nicht sein, dass die Prinzessin sich hier auf einmal an Regeln zu halten hat! Ein ganz normaler Tag.

Bei solchen Eltern, wie meinem Kumpel, frage ich mich, wie die sich das dauerhaft und für die Zukunft vorstellen. Glauben die allen Ernstes, dass Madame dann mit acht oder zwölf Jahren denkt: „So, jetzt bin ich alt genug. Jetzt ist Schluss damit, dass Papi nach meiner Pfeife tanzt! Ab jetzt werde ich mich einbringen, brav auf ihn hören und ihm helfen, wo ich kann.“ Nee, da muss ich leider wieder für Enttäuschung sorgen und schlechte Nachrichten überbringen. Prinzesschen hat sich an ihren Status gewöhnt und wird den auch künftig genauso verteidigen wie ihre „Zuhause-Freiheit“ im Kindergarten. Für den Vater bleibt alles wie gehabt. Im Großen und Ganzen. Zur Abwechslung kriegt er den Stress dann aber nicht, weil Madame Tochter nicht mehr im Sandkasten spielen darf, sondern, weil sie statt um 5 Uhr morgens schon um 2 Uhr wieder daheim sein soll. Oder, weil Papi sich zu fein ist, die Lady mit der neuesten Gucci-Tasche (für was auch immer) zu belohnen. Statt eines auf dem Boden heulenden Kindes darf er sich dann mit einem brüllenden oder ignoranten Teenie herumschlagen. Ein keifendes pubertierendes Mädel, das bei Papa bewusst die wunden Punkte drückt oder sich tagelang wortlos im Zimmer verkriecht, ist natürlich die deutlich bessere Wahl. Liebe Eltern. Beschwert euch nicht. Ihr habt es so gewollt. Es ist eigentlich ganz einfach: Ihr erntet, was ihr sät. Zumindest in den meisten Fällen. Klar habt ihr eure Kinder nicht in der Hand. Davon könnt ihr lange träumen. Aber ihr habt einen wirklich großen Einfluss. Wahrscheinlich sogar den wichtigsten. Schließlich legt ihr den Grundstein, die Basis für die Kleinen. Also zeigt ihnen auch Grenzen auf. Bringt ihnen bei, alle Menschen und euch selbst mit Respekt zu behandeln. Natürlich nur, falls ihr interessiert daran seid, dass euch euer Nachwuchs auch in der Pubertät und darüber hinaus respektiert.

Papas und Mamas Liebling zu sein, ist eine schöne Sache. Eine, die wichtig ist und selbstverständlich sein sollte. Euren Kindern deshalb aber alles durchgehen zu lassen, ist nicht der richtige Weg. Dafür gibt es andere. Wege, die eurem Nachwuchs nicht mehr schaden, als gut zu tun. Wir hatten es schon thematisiert: Wenn Kinder keine Grenzen gesetzt bekommen, tanzen sie euch nicht nur auf der Nase rum. Sondern später auf jeder Party, ob ihr wollt oder nicht. Dann habt ihr nichts mehr zu melden. Noch weniger, als ihr es in der Pubertät sowieso habt. Vor allem aber unterstützt ihr euren Nachwuchs nicht, indem ihr ihm alles durchgehen lasst. Es kann ihn sogar krank machen.

Was bedeutet das für meinen besagten Kumpel aus der Story? Es ist vollkommen okay, dass die Kleine seine Prinzessin ist. Und er ihr das auch zeigt. Aber bitte anders! Liebevolle Worte, Zuneigung und viel Zeit bedeuten dem Kind mehr als jeder erfolgreiche Versuch, seinen Willen durchzusetzen. Das Gleiche gilt auch für Sie und

Ihren Nachwuchs. Ein klares „Stopp! Bis hierher und nicht weiter“ vermittelt Ihren Kleinen mehr Sicherheit, Liebe und Respekt als jedes „Ach, ich lass sie einfach mal machen, damit sie mich lieb haben“.

Versprochen: Die Welt wird sich für Groß und Klein weiterdrehen. Auch, wenn sie mal nicht weiter Sandkuchen backen oder mit dem Dreirad fahren dürfen. Dafür fährt und backt es sich beim nächsten Mal umso besser. Für Letzteres übrigens ein absolutes Geheimrezept, das Sie unbedingt jedem verraten dürfen und auch sollen! Dass der „Zitronenkuchen“ eine 1 mit Sternchen verdient hat, darf Ihr kleiner Bäckermeister ruhig wissen. Lob. Auch so eine Sache, die Ihrem Sprössling Sicherheit und Liebe vermittelt. Aber bitte auch hier bedenken: Die Dosis macht das Gift. Und zu viele Köche verderben den Brei. Genauso wie zu viel Salz. Die eine oder andere Story in diesem Buch beschäftigt sich auch mit dem Lob noch näher. Wir wollen ja nichts außen vor lassen, an dem wir „rummeckern“ – oder auch loben können. Stimmts?!

Inkonsequenz, wohin das Auge reicht

Eine meiner Bekannten ist Mutter von zwei Söhnen. Die beiden sind zwei und fünf Jahre alt. Der Ältere macht, wie sie es selbst ausdrückt, ziemlich viel Scheiß. Doch ist sie daran unbeteiligt? Wohl kaum! Eines Abends, als wir uns per Videochat unterhalten wollten, schickte sie die beiden zuerst ins Bett. Als sie mich anrief, war es die erste Zeit über auch tatsächlich ganz ruhig. Also redeten wir über Gott und die Welt, erzählten uns den neuesten Klatsch und Tratsch und lachten uns dabei kaputt. Plötzlich wurde unser Gelächter von einem lauten Schrei unterbrochen. Die „Antwort" meiner Bekannten ließ nicht lange auf sich warten: „Ruhe!!!" Ob das den jungen Mann überzeugte? Da war ich mehr als gespannt. Wir tratschten sichtlich amüsiert weiter. Da flitzte auf einmal das größere der Kinder auf das Sofa. Die Mutter schickte ihn in etwas laschem Tonfall mit der Hand an seiner Schulter zurück ins Bett. Kommentiert wurde das von einem genervten „Nein, nein, nein" des Kleinen. Und schwups – war er wieder weg. Die nächsten 10 Minuten schien es verdächtig ruhig im Kinderzimmer. Offenbar war der Junge schon wieder eingeschlafen. Oder etwa doch nicht …? Taddaaaa – da war er wieder! Ungefähr zehnmal wacher und fitter als bei seiner letzten

„Ausreise". Das untermauerte er mit einem riesigen Sprung auf das Sofa und einem „Yääääi", als hätte er gerade den Pokal im Weitspringen ergattert! Seine Mutter wollte ihn wieder zurück ins Bett schicken. Doch irgendwie war der Sohnemann davon weniger begeistert. Mit einem freudigen „Nein" hüpfte er auf dem Sofa auf und ab wie ein Gummiball, dem man immer und immer wieder einen Anschubser gab. Die sehr weise gewählten Worte meiner Bekannten „Hey! Zurück" schienen leider nicht die erwünschte Wirkung zu erzielen. Zu tief versunken war der Junge in seinem „Flummi-Modus", der scheinbar immer stärker und lauter aktiv wurde. Ich schlug vor, den Videochat unter diesen Umständen zu beenden oder zumindest zu unterbrechen. So könnte sich die Mutter in Ruhe um ihr Kind kümmern und es zum Schlafen bewegen. Die allerdings hielt das nicht für nötig. Dieses Problem hätte sie gleich gelöst, teilte sie mir mit. Des Rätsels Lösung wollte ich natürlich mit eigenen Augen und Ohren miterleben. Ich fragte mich, wie sie das gerade hochaktive Kind auf die Schnelle ins Bett verfrachten wollte. Was dann folgte, lief etwas anders ab, als erwartet. Sie versprach dem Sohn Fernsehzeit, bis der große Zeiger ganz oben stand. Also 20 Minuten. Um aber schön diplomatisch zu bleiben, durfte er nur TV sehen, wenn er im Anschluss lieb und nett zurück ins Bett gehen würde. Bei diesem hochachtungsvollen Angebot konnte er natürlich nicht Nein sagen.

Also wurden die Ninja Turtels gestreamt. Wenn der kleine Mann sich davon nicht beruhigen lassen und kurz darauf in einen tiefenentspannten Schlaf fallen würde – von wem oder was denn dann?! Hier war eindeutig eine Frau am Werk, die wusste, was sie tut. Und ihr hoch durchdachter Plan sollte Erfolg versprechen. Für die ersten fünf Minuten. Danach kroch der Kleine neben seine

Mutter, legte sich seitlich auf das Sofa und stützte sich relaxt mit dem rechten Ellenbogen auf ihrem Schoß ab. Weil es da so gemütlich war und der junge Herr langsam müde wurde. Nein, Spaß beiseite. Da muss ich Sie leider enttäuschen. Gemütlich fand er es sicherlich. Aber diese Bequemlichkeit kam ihm gelegen, um mit den Ninja Turtels mitzufiebern, als wäre er live bei ihrem Kampf dabei.

Ja, freundlicherweise ließ er uns in vollem Umfang an seiner Begeisterung teilhaben. Er feuerte die Schildkröten auf schätzungsweise Lautstärke 80 von 100 an, warf die Hände in die Luft und klatschte. Mit hochgezogenen Augenbrauen verfolgte ich das Spektakel.

Die zaghaften Drohungen meiner Bekannten, den kleinen Schreihals, wenn er nicht damit aufhören würde, ins Bett zu bringen, endeten, wie Sie es sich sicher schon denken können, im Nichts. Zu fasziniert war der Junge davon, seine Lieblings-Schildkröten bei ihren Kämpfen anzufeuern. So beschloss die Mutter, ihn dabei nicht weiter zu stören und wir führten unseren Videochat unter etwas schwierigeren Bedingungen fort. Doch als der große Zeiger, wie besprochen, oben stand, gewannen seine Favoriten den Kampf gegen das Böse. Ob mit oder ohne seinen Beistand, sei mal dahingestellt. Der junge Mann war glücklich. So glücklich, dass er sogar seiner Mutter ein Lächeln über die Lippen zaubern konnte. Dieses Mal sollte ihre hoch motivierte Aussage „Geh jetzt ins Bett“ sie zum Erfolg führen. Es brauchte keine weiteren Ermahnungen. Ja, nicht einmal Widerworte folgten und der sanfte Griff an die Schulter war nicht notwendig. Entschieden und zufrieden zugleich sprang der Kleine vom Sofa und spazierte in sein Bett.

Hatte ich ihr Unrecht getan? Wahrscheinlich kannte sie ihr Kind eben doch besser als ich! Vielleicht ist das ihre übliche Methode. Zwar nicht sonderlich konsequent, aber hey, wenn sie nach 20 Minuten doch zum Ziel führt?! Dann will ich mal nicht so kleinlich sein, dachte ich mir. Schließlich ist mir ja bewusst, dass Kindererziehung nicht einfach ist und viele Eltern oft an ihren Grenzen sind. Da freut man sich doch über so manches Schlupfloch. Auch wenn das Ziel dadurch über Umwege erreicht wird. Hauptsache, man gelangt dorthin! „Wow, ich muss zugeben, das hätte ich jetzt echt nicht gedacht. Dass er wirklich nach dieser Folge freiwillig ins Bett geht“, kommentierte ich den Vorgang überrascht. Meine Bekannte winkte mit einem Lachen und Schulterzucken ab. Eigentlich war ich mir kurz zuvor sicher, dass wir das Gespräch unterbrechen oder beenden müssten, denn mit dieser Hintergrundkulisse fiel es mir schwer, mein eigenes Wort zu verstehen. Und an einem späten Abend wollte ich ungern eventuell schon schlafende Nachbarn aus den Federn reißen. Aber zum Glück hatte sich das Thema ja jetzt tatsächlich von selbst erledigt. Also tratschten wir fröhlich und erleichtert weiter. So lange, bis es ganz laut „peng“ machte. Was war geschehen? Meine Bekannte, ebenfalls sichtlich erschrocken, schreckte zurück und marschierte darauf mit den Worten „Warte mal kurz, ich muss gucken, was da los ist“ aus dem Zimmer. Kurz darauf hörte ich ein bestimmtes „Geh weg“, das der Junge seiner Mutter zuwarf. Und daraufhin ein lautes Weinen des jüngeren Sohnes, der bis dato tief und fest schlief. Genervt teilte sie mir mit, dass wir den Videoanruf jetzt beenden müssten. Während wir tatsächlich im Glauben waren, die kämpfenden Ninja Turtels hätten den größeren Jungen sanft in den Schlaf gewogen, hatte der das Bett wohl nie betreten. Stattdessen belud er die noch teilweise nasse Badewanne mit sämtlichen Kuscheltieren. Zur Krönung folgte eine Tischlampe, die er mit einem lauten Knall in die Wanne warf. Nun hatte meine Bekannte nicht nur einen, sondern gleich zwei Kinder zu besänftigen. Auch der kleinste Herr war aus seinem Schlummerland erwacht.

Und die Moral von der Geschicht? Inkonsequenz hilft bei Erziehung nicht!

Ja, der sanfte Versuch, den Sohnemann mit einer vermeintlichen „Gute-Nacht-Sendung" in den Schlaf zu wiegen, hatte nur augenscheinlich Erfolg. In Wahrheit ging er, wie sich im Nachhinein herausstellte, von Anfang an schief. Vermutlich hatten die kämpfenden Schildkröten dann doch nicht den besten Einfluss auf ihn. Im Gegenteil. Ihre Power übertrug sich auf den jungen Mann, der diese Energie dann irgendwie loswerden musste. Aber nichtsdestotrotz war hier das alte Sprichwort „Vertrauen ist gut – Kontrolle ist besser" wohl berechtigt. Ja, auch ich muss gestehen, dass meine Skepsis schnell verflog, als das Kind entgegen jeder Erwartungen gemäß der Absprache ohne Widerworte „ins Bett" ging. Doch wäre es sinnvoll gewesen, einen kleinen Kontrollbesuch abzustatten. Aber hier möchte ich ihr nichts vorwerfen. Bis der deutliche Knall erfolgte, war es ruhig und möglicherweise hätte sie auch etwas später nach den beiden Jungs geschaut.

Wie sie mir am folgenden Tag erzählte, war sie noch eine ganze Zeit lang damit beschäftigt, die beiden Kinder zur Ruhe zu bringen. Der Große reagierte erst kaum auf all ihre Versuche. Mit Widerwillen und langem Hin und Her räumte er dann doch zwei Kuscheltiere auf. Nach dieser Mühe konnte die gütige Mutti natürlich nicht mehr anders. Sie opferte sich, die restlichen Kuscheltiere aufzuräumen, während Sohnemann sich erneut mit einem Gummiball identifizierte und fröhlich auf seinem Bett auf- und absprang.

Sie ergab sich noch weiter, indem sie das kleinere weinende Kind mit zu sich ins Wohnzimmer nahm und den großen Jungen weiter im Flummi-Modus auf seinem Bett verweilen ließ. Zu großartigen Gegenargumenten hatte sie weder die Lust noch die Kraft. Das Spektakel endete also erst damit, dass der Junge tatsächlich vor lauter körperlicher Verausgabung in einen tiefen Schlaf fiel. Als die Zone wieder sicher war, brachte meine Bekannte ihren kleinen Sohn, ebenfalls schlafend, zurück ins Bettchen. Allen Erwartungen entsprechend schlich sie natürlich ebenfalls komplett übermüdet ins Bett. Schade, dass sie die Füße nicht über dem Boden schweben lassen konnte, um sicherzugehen, dass die Kinder nicht wach werden. Aber Glück darf ja jeder mal haben: Die beiden waren wohl ebenfalls sehr müde und allen drei sollte eine entspannte Nacht gegönnt werden. Am nächsten Tag wachten Mutti und Kids putzmunter und erholt auf. Na ... die Letzteren hoffentlich nicht ZU munter?!

Sie konnten es sicher schon anhand meiner nicht ganz ernst gemeinten Worte erkennen: Meiner Meinung nach war es der größte Fehler, dem Kind überhaupt anzubieten, dass es noch eine Runde Fernsehen schauen könnte. Unter der Bedingung, dass es im Anschluss lieb und brav ins Bett geht. Sie verhandelte mit dem Jungen – und da hatte sie, zumindest in DIESER Situation, schon verloren! Denn so ziemlich jeder Elternteil von Ihnen weiß: Kinder sind wahre Verhandlungskünstler! Nur leider nicht immer ganz zuverlässig, was ihre Versprechungen angeht. Doch die Schuld ist hier nicht bei dem Nachwuchs zu suchen. Die

Erziehungsberechtigten werden sicher nicht so genannt, damit sie ihr Kind fröhlich Herr im Haus sein lassen können. Sobald der Nachwuchs merkt, dass er auf diese Rolle eine Chance hat, wird er die auch übernehmen! Und das authentischer als der professionellste Theaterspieler! Das liegt einfach in der Natur der Kleinen. Sie brauchen Grenzen. Ja, sie sehnen sich sogar danach. Wenn die Eltern dem nicht nachkommen, können sie gar nicht anders, als die nicht vorhandenen Grenzen zu sprengen.

Nicht, dass wir uns missverstehen: Natürlich sollen Sie auf Ihr Kind zugehen. Ihm auch mal entgegenkommen. Aber dann doch bitte nicht wie ein streunendes kleines Hündchen, das verzweifelt auf der Suche nach Futter ist.

Merken Sie sich: Es geht darum, WANN und WIE Sie mit Ihren Kindern verhandeln.

In gewissen Situationen können Kompromisse durchaus angebracht sein und BEIDEN Seiten den Jackpot einbringen. Der dann selbstverständlich geteilt wird! In anderen ist es ausschließlich Ihr Nachwuchs. Und das auch nur seinen Gedanken nach. Denn der Halt, den Sie ihm geben sollten, hat er für das verloren, was er gewonnen hat. Sie dagegen ziehen komplett die A-Karte. Dieser ach so klasse eingefädelte Deal meiner Bekannten zählt zu diesen Fällen. Was einmal klappt, sollte doch locker ein zweites Mal klappen. Und ein drittes und ein viertes ... Warum brav ins Bettchen gehen, wenn man sich stattdessen noch kämpfende Schildkröten oder andere nette Serien reinpfeifen kann? Um dann etwas nicht einzuhalten, das man zuvor Mama und Papa versprochen hat?

Mal ehrlich: Wer kann einem kleinen Kinderkopf so einen Gedanken verübeln?! Versetzen Sie sich in die Lage Ihrer Kleinen: Gäbe es irgendeinen Grund, das Spiel nicht immer wieder zu spielen, wo es doch so gut zu klappen scheint?!

Halten wir fest: In Alltagssituationen sollten Sie Ihr Verhandlungsgeschick weder ausüben noch austesten. Da es Rituale nun mal an sich haben, sich am laufenden Band zu wiederholen, benötigen die Kleinen hier von Ihnen auch ein gewohntes Verhalten. Ein „Mal so, mal so“ würde sie gewaltig verunsichern. Das wars dann mit dem Halt. Und mit einem Großteil Ihres Tages, den Sie wohl lieber mit einem All-around-Beautyprogramm oder der Bundesliga verbringen würden. Da müssten Sie sich dann damit zufriedengeben, Ihre Lieblingsmannschaft MAL anzufeuern, MAL wieder nicht. Ihre Haare MAL zu waschen, ein anderes Mal nicht.

Blöd, wenn es auch anders geht – oder?!

Zum Frühstück Chips und Schokolade

Gesunde Ernährung – was ist das? Und kann man das essen? Sie lachen jetzt vielleicht oder runzeln verwirrt mit der Stirn. Aber bei all dem, was mir schon zu Augen und Ohren gekommen ist, muss man diese Frage als berechtigt statt als Scherzfrage ansehen. Die eigentliche Frage ist aber, ob es den Eltern an Wissen, Willen, Durchsetzungsvermögen oder allem zusammen mangelt. Ein Toastbrot mit Nutella soll also gesund sein? „Quatsch!", rufen Sie jetzt wahrscheinlich. Und hoffentlich. Dann verraten Sie mir doch bitte, warum diese besagte Mahlzeit schon zum Standardrepertoire in Kindergärten gehört. Okay, beim Gesundheitswert von Nutella sind wir uns wahrscheinlich alle einig. Immerhin etwas. Aber das gleicht das Toastbrot ja wieder aus. Oder?! Schließlich handelt es sich um Brot. Und das ist gesund. Wie jedes Kind schon weiß. Es enthält ja kaum böse Ballast-, dafür aber eine Menge Zusatzstoffe. Achtung, an dieser Stelle muss ich meine Ironie nochmals betonen. Nicht, dass wir hier aneinander vorbeireden. Toastbrot ist so ziemlich eins der übelsten Dinge, die Sie Ihren Nachwuchs verputzen lassen können. Besonders in Kombination mit Nutella oder anderem Süßkram. Da geben Sie ihm lieber gleich Styropor zu essen. Ja, die Ironie muss auch hier noch mal erwähnt werden. Das wäre natürlich gefährlich. Aber vom Gesundheitswert käme es so ziemlich aufs Gleiche raus. Nicht alles, was den Namen Brot enthält, macht deswegen auch groß und stark. Das gilt für zig anderes Zeug genauso. In Fruchttüten sind also Früchte drin? Muss ja so sein, so gern wie Eltern ihre Kleinen damit „füttern". Blöd nur, dass der Zucker die vermeintlichen Früchte um Welten übertrumpft. Den Kopf oder zumindest die Augen einzuschalten, soll helfen. Blindes Vertrauen war noch nie gut. Vor allem nicht bei Werbungen. Und noch weniger, wenn die versprechen, Ihre Kleinen mit einem Schluck oder Biss zu Muskelmännern beziehungsweise Frauen zu verwandeln. Aber genug gemeckert und geschimpft. Kommen wir zu einer der traurigen Wahrheiten. Meinem besten Freund und seiner Frau. Ja, auch im engsten Kreis macht dieses Dilemma keinen Halt. Wäre ja noch schöner.

Die beiden haben also zwei Kinder. Einen 4-jährigen Sohn und eine 6-jährige Tochter. Zuerst mal muss ich ein Lob aussprechen, bevor ich wieder rumjammere. Denn im Gegensatz zu irgendwelchen Fruchttüten ist dem Paar bekannt, dass übliches Obst und Gemüse immer noch das Beste ist und die wahren Nährstoffe enthält. Applaus an dieser Stelle! Auch wenn man meinen sollte, dass das selbstverständlich ist – nix da! Sie versuchten also immer wieder ihr Glück, dem Nachwuchs Obst und Gemüse anzudrehen. Beim Mittagessen. Und beim Frühstück. Die standen aber leider nicht auf gesund. Da war es ihnen relativ, um was für eine Tageszeit es sich handelte.

Mit Gewalt wollten die Eltern es den beiden natürlich nicht in den Mund stopfen. Und da sind wir ja hoffentlich alle bei ihnen!

Also mussten andere Maßnahmen her. Aber auch der Obstsalat, der die „bösen" Äpfel, Bananen und Co so nett verpackt und im Naturjoghurt versteckt, war zum Scheitern verurteilt.

Wie gut, dass der Nachwuchs selbst eines Tages die Lösung brachte. Als die Große noch krank mit Fieber im Bett lag, schrie der Kleine beim Frühstück nach Chips und Schokolade. Den Himbeeren, Äpfel- und Birnenstücken, die trostlos vor ihm auf seinem grünen Plastikteller lagen, gefiel das wahrscheinlich überhaupt nicht. Mama und Papa dafür umso mehr. Nein, Sie haben sich nicht verhört! Die beiden verschwanden schnurstracks eine Türe nebenan im Wohnzimmer. Die Beratung dauerte nur ein paar Minuten, sollte dafür aber umso erfolgversprechender sein.

Der Kleine war tatsächlich bereit, sich zu erbarmen und sein Obst zu essen. Aber um welchen Preis?! Drei Stücke, also von jeder Sorte mindestens eins, sollten ihm die Eintrittskarte zu Chips und Schokolade gewähren. Dreimal sagen ließ er sich das dagegen nicht. Auch nicht zweimal. Fast konnte man meinen, er verhandelte gerade verdreht auf Ebay. Getreu dem Motto: „3, 2, 1 ... meins!" Mindestens so schnell hatte er den Deal erfüllt und dic Stücke verputzt. Drei, versteht sich. Und keines mehr. Aber hey. Die Hauptsache war doch, darauf seine „Ware" zu ergattern. Und da kamen Chips und Schokolade auch schon angeflogen. Mit einem freudestrahlenden Grinsen überreichte Papi dem Sohnemann stolz das Schälchen Paprikachips und Mama den Teller mit einer halben Tafel Vollmilchschokolade. Die futterte er fast so schnell auf wie die Obststücke. Logisch, er musste ja beschützen, was er sich so hart erarbeitet hatte. Nicht, dass die lieben Eltern es sich doch noch mal anders überlegen. Aber da musste er sich keine Sorgen machen.

Die machten sich mein bester Freund und seine Frau auch nicht. Im Gegenteil. Sie feierten innerlich ihren Erfolg, als hätten sie beide gerade ihre berufliche Beförderung in die höchste Position erhalten. Endlich hatten sie es geschafft. Sohnemann war dank ihrer behelligenden Idee auf dem Weg zur gesunden Ernährung.

Das wäre ja unfair gegenüber ihm. Und vor allem würden sich die beiden damit selber einen Arschtritt verpassen. Wie sollte er ihnen wieder irgendwas glauben, wenn sie jetzt ihr Wort brechen? Dann wäre das Spiel ja vorbei. Und die gesunde Ernährung ihres Jungen! Denn: Ab jetzt lief es! Bestens sogar. Solange der Herr im Anschluss bekam, was ihm für seine harte Arbeit zustand: Chips und Schokolade! Der Kleine hatte also erkannt, dass man Gesundes durchaus essen kann – WENN man im Anschluss dafür belohnt wird! Er bestand also jeden Tag aufs Neue auf seinen Verdienst. Logisch, oder? Wer arbeitet denn schon hart und verzichtet dann barmherzig auf sein Gehalt?! Blöd nur, dass mein bester Freund und seine Frau die Rechnung ohne ihre Tochter gemacht hatten. Der entging der Deal mit ihrem Bruder natürlich nicht. Und schwups – verhandelte sie unter den gleichen Bedingungen mit. Früh übt sich, wer später eine taffe Geschäftsfrau werden will. Und so bürgerten sich Chips und Schokolade zum Frühstück ein.

Tja, Mamas und Papas: Kommt Ihnen hier etwas bekannt vor? Die meisten Kinder lieben Chips und Süßigkeiten. Diese Tatsache haut Sie sicher nicht vom Hocker. Sie zählt quasi zur Allgemeinbildung. Genauso wie der Fakt, dass Kinder kleine Pokerer sind und gerne aufs Ganze gehen, wie an anderer Stelle schon erwähnt. Wenn sich Ihr Nachwuchs aber mit Ihnen duelliert und als Gewinner hervorgeht, stehen die Chancen ... na ja. Bombastisch und beschissen gleichzeitig. Bombastisch für den Sprössling, beschissen für Sie! Und das nicht nur für heute und morgen.

Vielleicht fühlen Sie hier komplett mit meinem besten Freund und seiner Frau. Würden sich am liebsten mit den beiden in einen Kreis stellen und eine Runde bemitleiden. Mit einer riesigen Ladung Taschentüchern, versteht sich!

Weil Sie ein ähnliches Szenario schon x-Mal durchgemacht haben und kein annähernd vernünftiger Vorschlag Ihr Kind dazu überreden konnte, sich zur Feier des Tages mal für Obst, Gemüse oder sonstigen gesunden „Kram“ zu erbarmen. Warum ich Ihnen dann einen Vorwurf mache, wenn Sie Ihr Glück auf ähnliche Weise ausprobieren? Habe ich das behauptet? Nö! Nicht, dass ich mich erinnern kann. Ich bin auch nur ein Mensch und kann komplett verstehen, wenn man die Schnauze voll hat und auch mal zu „unvernünftigeren“ Methoden greift. Die müssen nicht mal automatisch schlecht sein. Bevor Sie wirkliche Scheiße begehen, Ihren Nachwuchs festhalten oder sonst wie körperlich werden, nur damit der mal was Gesundes verdrückt, ist die Methode mit Chips und Schokolade definitiv zu bevorzugen. Körperlich zu werden, ist nämlich ein absolutes No-Go! Wenn Sie also an die Grenzen Ihrer Fantasie gekommen sind, kann so ein Trick wie der meines besten Freundes und seiner Frau durchaus mal angebracht sein und sogar zum Erfolg führen. ABER wenn jede Vitaminbombe von der noch viel riesigeren Zuckerbombe verfolgt wird, können wir davon bestimmt nicht sprechen. Ein Erfolg wäre es gewesen, wenn sich die Kids für Chips und Schokolade überwunden hätten, das erste Mal dieses „ekelhafte Fruchtzeugs“ in den Mund zu nehmen. Um dann festzustellen, dass es gar nicht mal so eklig ist und man es sogar ohne Bestechung futtern kann. Vielleicht nicht immer, aber immer wieder. Das hat natürlich mit Glück zu tun. Über die Geschmacksnerven Ihres Nachwuchses haben Sie ja vermutlich keinen großen Einfluss. Aber es kann klappen! Und dann können Sie sich für Ihren Deal durchaus feiern.

Wenn Sie den aber in kurzer Zeit ein zweites, drittes oder sogar viertes Mal durchziehen, können Sie das Wort „Sieg" gleich durch „Niederlage" ersetzen. Dann ist Ihr Kind der Gewinner, der SIE in der Hand hat! Wenn es Ihrem Sprössling also nach dem zweiten oder spätestens dritten Versuch nicht schmeckt, dann lassen Sie es erst mal gut sein. Offensichtlich ist die Zeit noch nicht reif dafür, auch wenn es – hoffentlich – die Früchte waren! Erklären Sie Ihrem Kind anschaulich, am besten durch Bilderbücher, was der Zucker mit seinem Körper und den Zähnen anstellt – und wie sich im Gegensatz dazu Gesundes auswirkt. Zur Beruhigung möchte ich Sie noch mal daran erinnern, dass Obst und Gemüse nicht das Einzige sind, das Ihren Nachwuchs groß und stark macht! Durchforsten Sie das Internet oder Bücher nach verschiedenen Ideen, Lebensmitteln und Rezepten. Irgendwo wird selbst das größte Schleckermäulchen schwach. Und falls nicht, versuchen Sie Ihr Glück immer wieder aufs Neue. Ohne Druck und Gewalt, dafür aber mit viel Fantasie, Verständnis und einer Portion Hoffnung und Humor. Sie rocken das!

PS: Ihre Kids sollen natürlich nicht im Schlaraffenland leben und Gesundes mit Ungesundem vergelten. Aber ab und an dürfen Schoki oder ein paar Gummibärchen ruhig drin sein!

Zu Besuch bei einem Freund und seiner Freundin

Einer meiner Kumpels lebt mit seiner Freundin und den Kids ein scheinbares Bilderbuchleben. Die Kleine ist 5 Jahre alt, ihre großen Brüder 8 und 10. Wenn man mit der „Family" unterwegs ist, zeigen sich Nachwuchs und Eltern von ihrer besten Seite. Kein Mensch könnte sich vorstellen, was hinter verschlossener Türe abgeht. „Ist doch normal, das ist bei vielen so", denken Sie jetzt vielleicht. Ja, okay. Dass in den eigenen vier Wänden Seiten auftauchen, die in „freier Wildbahn" eher im Zaum gehalten werden, kommt tatsächlich öfters vor. Das haut mich nicht um. Aber ziehen Sie sich mal die folgende Geschichte rein. Dann quatschen wir weiter. Wenn Sie dann immer noch an Ihrem Glauben festhalten, lasse ich es gut sein.

Die Herrschaften luden mich also zu sich nach Hause ein. Die, mit den wohlerzogenen Kindern. Den großen Jungs, die in der Stadt ihre kleine Schwester vorbildlich an die Hand nehmen. So, dass sie beschützt von ihren großen Brüdern in der Mitte der beiden die Stadt unsicher macht. Die, die in Bus und Bahn anständig und ohne einen Mucks auf dem Viererplatz sitzen. Und die, die Vater und Mutter keine Bitte abschlagen können. Zumindest nicht in der Öffentlichkeit. Ich kam also vorbei und anfangs schien alles wie immer. Mir fiel nichts Ungewöhnliches auf. Die Kids saßen entspannt im Schneidersitz auf dem Sofa und zogen sich Spiderman rein. Die Kleine wie so oft umringt von ihren Brüdern. Den Jungs blieb, offensichtlich vor Spannung, der Mund offen stehen. Zu einem kleinen „Hallo" konnte sich gerade mal das Schwesterchen aufraffen. Zwar desinteressiert und ohne mich eines Blickes zu würdigen – aber besser als nichts! Der Spinnenmann war einfach zu faszinierend. Welches Kind konnte ihm schon seine Aufmerksamkeit abschlagen. Irgendwann war dann leider der Zeitpunkt gekommen, an dem die Eltern den berühmten Satz „Essen ist fertig!" ins Wohnzimmer warfen. Schade für die drei, die den rotblauen Kerl natürlich weiter dabei beobachten wollten, wie er dank seiner Netze an sämtlichen Häusern entlangschwang. Während die Mutter schon die Teller und im Anschluss die Lasagne auf den Tisch stellte, bat mein Kumpel seinen großen Sohn, jetzt den Fernseher auszuschalten. Der wollte auch seinem Vater keinen einzigen Blick schenken. Puh, da hatte ich ja noch mal Glück gehabt! Als er den Jungen noch mal ermahnte, trotzte der mit einem unbeeindruckten „Nö!" und fixierte dabei weiter die Glotze.

Und weil Brüder ja zusammenhalten müssen, schnappte sich der Jüngere die Fernbedienung und rannte damit aus dem Wohnzimmer. „Fang mich doch!", durfte Daddy sich noch anhören.

Und was tat er? Richtig. Genau das! Daddy rannte seinem Jungspund hinterher, der sich dabei einen ablachte. Das Spiel ging kreuz und quer durch die Wohnung und endete damit, dass mein Kumpel den kleinen „Dieb" dann doch irgendwann zu fassen bekam. Auf die Worte „Fernbedienung her!" reagierte er auf seine

Weise und schmiss besagte ins nächste Eck. „Och nein, jetzt hast du sie vielleicht kaputt gemacht!“, kommentierte sein Vater geknickt. Aber Glück im Unglück: Bis auf die herausgefallenen Batterien ging es der Fernbedienung gut. Dann war auch alles gut. Stimmts? Natürlich. Das bewiesen seine Eltern, die ihn und seine beiden Geschwister in aller Ruhe zum Essen riefen.

Da saßen alle drei mit uns am Tisch, als wäre nichts gewesen, und hechelten der Lasagne nach. Die großen Augen verrieten, worauf die Kids aus waren: Auf eine extra große Portion natürlich. Die sollten sie kriegen und damit war erst mal Funkstille. Vergessen wir, dass die drei aßen, als würden sie dem Schweinestall Konkurrenz machen. Die Ellenbogen auf dem Tisch waren das kleinste Problem. Darüber konnte man hinwegsehen. Nicht hinwegsehen konnte ich zumindest über das gefühlt kilometerweite Schmatzen und die Tatsache, dass die drei Kids den Sinn des Bestecks wohl nur in der Deko sahen. Nicht mit einem halben Finger angerührt, lagen Messer, Gabel und Löffel neben dem Teller. Warum diese unnützen Utensilien da auch nutzen, wenn man gleich zwei Hände hat? Die waren dafür bei allen drei umso aktiver und matschten fröhlich in der Lasagne rum. Um danach samt ihr im Mund zu landen. Mein Kumpel musterte die Kids und sah darauf seine Freundin mit einem Blick an, der wohl verdeutlichte: „Sollen wir was tun oder sagen? Und wenn ja, was?“ Die sprang dann tatsächlich über ihren Schatten und traute sich, das herausragende Angebot zu machen: „Wollt ihr nicht lieber Besteck nehmen?“ Und damit bewirkte sie Wunder! Plötzlich saßen das Mädel und ihre großen Brüder wie die Vornehmheit in Person mit Messer und Gabel am Tisch. Kleiner Scherz! Allzu hilfreich war ihre Frage nicht. Aber immerhin noch wirkungsvoll genug, um dem großen Jungen ein freches „Nö!“

zu entlocken. Das die zwei Kleineren mit einem schadenfrohen Lachen kommentierten, während sie weiter mit ihren Händen in der Lasagne rummatschten und futterten, als wären sie in der Steinzeit und hätten wochenlang nichts Essbares mehr vor sich gehabt. Ihre bis zur Stirn verschmierten Gesichter sprachen Bände. Gleichzeitig hoffte ich, dass meines meine Gefühle und Gedanken nicht widerspiegelte. Der Appetit war mir etwas vergangen. Also würgte ich die letzten paar Happen hinunter und ließ dabei natürlich nicht unkommentiert, dass es gut geschmeckt hatte. Das hätte es mir auch! Aber da es den Kids ZU gut schmeckte, fiel das bei mir ein bisschen milder aus.

Als i-Tüpfelchen meinte der Große, mit einem lauten Rülpser zu verdeutlichen, dass er satt ist. „Hey! Kannst du das mal lassen!“, ermahnte ihn mein Kumpel, während seine Freundin nur mit den Augen rollte. „Bääh, das ist eklig, man rülpst nicht am Tisch!“, versuchte die kleine Schwester, ihn deutlich produktiver zu erziehen. Gedankt wurde ihr das mit einem lachenden: „Halt die Klappe!“ Und – einer extra Ladung Lasagne im Gesicht. Da nahm der Älteste mal kurz die Jüngste zum Zielobjekt. Die war darüber erfreut. Ja! Erfreut! Und patschte fröhlich mit der Hand in den Teller, um es ihrem großen Bruder gleichzutun. Der jüngere Sohn konnte seine Geschwister natürlich nicht im Stich lassen und schloss sich ihnen an. Da wurde aus einem gediegenen Essen mal eben eine Matschparty und Essensschlacht, die die Eltern trotz aller „Stopp! Aufhören-Ausrufe“ nicht unterbinden konnten. Damit auch ich nicht leer ausgehe, landete die Lasagne auch in meinem Gesicht. Danke, großer Sohn! Der das nicht beabsichtigt hatte und mit einem verschämten „Uups“ zu entschuldigen versuchte. „Passt. Ist ja nur Lasagne!“, versuchte ich, mit einem falschen Grinsen mein Genervt-

Sein zu überspielen. Wahrscheinlich auch nicht die vorteilhafteste Reaktion. Aber in der Erziehungsverantwortung sah ich mich nicht. Und als Gast wollte ich diese Karte auch nicht ausspielen. Mein Kumpel dagegen hätte es gerne tun können. Der lächelte mich aber mindestens genauso verschämt mit einem „Sorry" an und erklärte das Essen offiziell für beendet. In stinknormalem Tonfall versteht sich! Seine Freundin blickte ihren ältesten Sohn mahnend an, auf eine Reaktion durften wir aber lange warten. Immerhin hatten die Kids noch den Anstand, ihre Teller selbst in die Küche zu räumen. Und sogar meinen nahm der Große mit. Wow! Es geschehen noch Zeichen und Wunder. Ich verschwand also ins Bad und versuchte, mich von meiner neuen Gesichts-Deko zu befreien. Immerhin das hat hingehauen, konnte das Erlebnis für mich aber auch nicht mehr entschädigen. Ich hatte die Schnauze voll. Zum Glück hatte eine Freundin krasse Probleme und brauchte dabei meine Hilfe. Dass sie die nur in meinem Kopf benötigte, mussten die anderen ja nicht wissen. Sie hatte mir scheinbar gerade eine Nachricht zukommen lassen und Punkt. Damit verabschiedete ich mich und bedankte mich natürlich höflichkeitshalber noch für das leckere Essen. Jeder Einzelne der 5 konnte sich wahrscheinlich seinen Teil denken, spielte das Spiel aber mit. Danke dafür!

Was nehmen wir mit aus dieser Geschicht? So manches Essen vergisst man nicht! Und eine bekannte Floskel, die besagt: Der Schein trügt. Auch das altbewährte „Außen hui, innen pfui" erhält hier gleich noch eine andere Ebene. Klaro, in den eigenen vier Wänden fühlen sich die Kids heimisch. Und dass sie da anders sind, haut mich, wie anfangs schon erwähnt, nicht vom Hocker. Aber SO eine Veränderung ist krass. Die drei hat es offensichtlich null gejuckt, dass Besuch da war. Nicht nur zum Chillen, sondern sogar zum Essen. Die einzig POSITIVE Überraschung für mich war, dass sich nicht alle im Chor kaputtgelacht haben, als mir die Lasagne netterweise mitten ins Gesicht geflogen ist. Da mir in diesem Fall selber die Sprache wegbleibt, will ich Sie auch gar nicht mit langen Moralpredigten nerven.

Außer: Bringen Sie Ihren Kids doch bitte bei, wie man sich am Tisch verhält. Erst recht, wenn Besuch da ist. Wir reden hier nicht von 4-Sterne-Regeln. Außer, Ihr Nachwuchs möchte später in besagtem Hotel arbeiten oder Sie schon bald dort mit ihm übernachten. Aber die Tatsache, dass Essen auf den Teller und nicht ins Gesicht gehört, dürfte doch drin sein. Der große Bruder agiert als Vorbild für die anderen. Deshalb sollte auf ihn ein besonderes Augenmerk gelegt werden. Dasselbe gilt natürlich auch für die älteste Schwester. Und: Glauben Sie nicht alles, was Sie sehen. Bilderbuchfamilien existieren genauso wenig wie Bilderbuchpartnerschaften ohne Kids. Eifersucht ist also fehl am Platz. Nach außen kann man vieles vorgeben. Aber um die Wahrheit zu kennen, müssten Sie schon mal für ein paar Tage oder Wochen mit einer Family unter einem Dach leben. Manchmal reichen aber auch ein paar Stunden, wie Sie an meinem Beispiel sehen können.

Advent, Advent, die Bude brennt

Meine Nachbarn ein Haus weiter haben eine 4-jährige Tochter. Ich muss sagen, ich mag die Kleine. Ab und an machen wir zusammen einen Ausflug, gehen spazieren, an den See, oder spielen einfach im Garten ein bisschen Seilhüpfen, Ball oder Fangen. Vor allem von Letzterem kann das Kind nie genug kriegen. Denn die Kleine ist nicht nur pfiffig und keck, sondern auch voller Energie. So sehr ich die Maus auch leiden kann, ziehe ich dann doch Aktivitäten im Freien mit ihr vor. Und das nicht nur zu einem kleinen Prozentsatz. In den vier Wänden sind es nämlich sonst meine Ohren, die den Feierabend vorziehen. Und meine Nerven leisten ihnen dabei gerne Gesellschaft. Auch bei ihren Eltern spüre ich, wie ihre Entlastung förmlich zu mir überquillt, wenn ich ab und an ihren Nachwuchs beschäftige. Sie genießen es, einfach mal verschnaufen zu können. Und das soll definitiv kein Vorwurf sein! Ich glaube, viele von Ihnen freuen sich, einfach mal für ein paar Stunden Ich- oder Pärchentime genießen zu können. Das ist vollkommen verständlich. Doch ist es auch wahrscheinlich, dass diese Pausen je nach Temperament oder Charakter des Kindes öfter oder seltener hoffnungsvoll erwartet werden.

Diese Erfahrungen, mit dem Mädel unter einem Dach zu sein, habe ich bislang zwar nur ein paarmal erlebt – aber sie haben mir ausgereicht. Ob ich es vor ihren Eltern jemals angesprochen habe? Nein, das habe ich mich bislang nicht getraut. Tatsächlich ergab sich immer eine Möglichkeit, mich aus der Sache rauszuwinden. Irgendwelche Vorwände und Einfälle brachte mein Kopf dann doch immer hervor. Dass das nicht gerade einfach ist, sollte ich wohl nicht erwähnen. Vor allem natürlich in der kalten Jahreszeit. Doch DA sagte dann plötzlich die eigentlich so selten vorbeischauende Fantasie „Hallo" zu mir. Ja, wo ein Wille ist ... doch, wie sollte es auch anders sein, sollte ich nicht immer damit durchkommen. Weihnachten ist bekanntlich das Fest der Liebe. Ziemlich blöd, wenn die auch noch ausgerechnet an diesen Tagen ins Wanken gerät.

Es ergab sich also, dass meine Nachbarin ausgerechnet zu dieser besinnlichen Jahreszeit unter diesem Drama leiden musste. Oder sagen wir: Es stand in den Sternen, ob, wann und wie es für die beiden jemals wieder ein Happy End geben wird. Unter Tränen rief sie mich an und erzählte mir schluchzend, was passiert war. Der Gedanke, an Weihnachten mit ihrer Tochter alleine zu sein, schien dabei für sie alles andere als nebensächlich. Auch wenn ich ein sichtlich verpeilter Mensch bin, machte es bei ihren Andeutungen in meinem Kopf sofort Klick. Sie hätten sich doch so auf Weihnachten zu dritt gefreut. Dass jetzt plötzlich der Papa fehlt und sie nur zu zweit allein zu Hause sitzen würden, könnte sie ihrer Tochter nicht antun. Ach, wenn sie doch nur aus ihren vier Wänden herauskommen und etwas anderes sehen würde. Sie würde niemandem zur Last fallen wollen, aber würde die aktuelle Zeit so gerne bei jemand anderem vorbeischauen. Am besten bei jemandem, der sich auch mit ihrer Kleinen gut versteht und sie etwas ablenken könnte.

Sie würde ja gerade auch so eine schwere Zeit durchmachen. Klar, das stritt ich gar nicht ab. Sobald sie annähernd begreifen sollte, was das für die Familie bedeutet, würde das auch für die Kleine große Sorgen mit sich bringen. Und meine Nachbarin war mir ja auch alles andere als unsympathisch. Konnte ich die beiden hängen lassen? Jetzt, in dieser Situation?! Neee, das brachte ich nicht übers Herz. Also sprang ich über meinen Schatten. Ich lud sie ein, mir schon übermorgen, am 4. Advent, einen Besuch abzustatten.

Es war ihr Glück, dass ich Single und frei war. So musste ich mit niemandem absprechen, ob an diesem Tag Besuch erwünscht war oder nicht. Glück hatte sie ebenfalls, dass ich nicht außer Haus war, denn das kommt bei mir auch in der kalten Jahreszeit gerne mal vor. Den beiden trotz dieses Bonuses eine Absage zu erteilen – na, da hätte mein Gewissen mir aber was erzählt! Also entschied ich mich, der Herausforderung zu stellen und den beiden einen schönen Abend zu bereiten. Gesagt, getan. Ich dekorierte meine Wohnung besonders weihnachtlich, kindlich und gleichzeitig möglichst kindersicher. Das kann ja schließlich nie schaden und bei einem so hochaktiven Kind, wie dem meiner Nachbarin, erst recht nicht. Das besondere Weihnachtsfeeling sollte vor allem mein Wohnzimmer liefern. Der untere Tisch glänzte natürlich vor allem mit seinem Adventskranz und den vier Kerzen. Wie sollte es am 4. Advent auch anders sein?! Die Kerzen wollte ich allerdings erst im Beisein der Kleinen anzünden. Es sollte ihr kleines Highlight werden. Daneben lockten Butterspekulatius, Vanillekipferl und Ausstecher, die ich auf einem großen dunkelroten Teller mit goldenen Sternen servierte. Der frisch aufgegossene und noch dampfende Früchtetee wartete in der silbernen Kanne daneben. Mit Wasser-, Apfelsaft- und Fantaflaschen rundete ich das Bild ab. Für meine Nachbarin und mich sollten zwei gewöhnliche weiße Henkeltassen herhalten. Bei der Kleinen hoffte ich, dass der winkende Weihnachtsmann auf seinem Rentierschlitten mir ein paar zusätzliche Pluspunkte verschaffen würde. Damit die junge Dame nichts zu beanstanden hatte, verteilte ich auf dem höheren Tisch am Wohnzimmereingang sämtliche weihnachtliche Ausmalmotive: einen großen, mit Kugeln geschmückten Tannenbaum, einen Weihnachtsmann, ein lächelndes fliegendes Christkind und einen Stapel voller Geschenke. Um 16 Uhr riss mich ein lautes Klingeln aus meinen Tagträumen, in denen die beiden mir einen Nobelpreis für die beste Ablenkerin der Welt übergaben. Sie waren da! Meine Nachbarin schlich sich mit gesenktem Kopf am Treppengeländer festhaltend nach oben. Ja, da hatte ich eine Menge Lach-Muckis zu aktivieren! Ihr Nachwuchs dagegen sprang in hastigem Schritt von der ersten auf die vierten Stufe, um dieses Szenario bis zu meiner Wohnungstür fortzusetzen. Sie schien es kaum erwarten zu können. Hastig zog sie ihre Schuhe aus und warf ihre Jacke mitten in den Gang. Ihre Mutter warf ihr dabei einen gleichgültigen Blick zu und schlenderte zum Sofa. Dass dem Kind zu Hause alles hinterhergetragen wurde, war mir bekannt. Dass dieses Verhalten auch in der Wohnung anderer wortlos geduldet wurde, hatte ich dennoch nicht erwartet. Noch weniger, dass meine Nachbarin sich offensichtlich selbst zu fein war, dafür zu sorgen, dass die Garderobe einigermaßen ordentlich hinterlassen wurde. Es ging mir nicht um die Aufgabe an sich. Lediglich um das Prinzip. Aber ich erbarmte mich, stellte die Schuhe ins Eck und hing die Jacke an die Garderobe. Die beiden in einer solchen Situation gleich mit einem Meckern zu begrüßen – das war nicht ich.

„Wooow, Plätzchen!“, bestätigte mir das Kind mit strahlenden Augen meine Mühe und sprang sofort zum Teller, um sich von jeder Sorte eines zu stibitzen. Klar, bevor die bösen Großen die arme Kleine verhungern lassen, muss die sich zur Wehr setzen und vorsorgen! Ihre Mutter setzte sich in nicht allzu weihnachtlicher Stimmung mit gesenkten Schultern neben mich auf das Sofa. Während ich ihr die ersten Minuten kaum ein Wort entlocken konnte, war ihr Nachwuchs weiter damit beschäftigt, meine Backkünste zu bewerten. Aber als ich so darüber nachdachte, wurde mir klar, dass ich den Test vermutlich bestanden hatte. Ihr hortiges Hamstern identifizierte ich mal als ein „Sehr gut“. Oder lassen wir das „Sehr“ doch besser weg. Will ja nicht überheblich wirken.

Nach ein paar Schweigeminuten gab ihre Mutter dann doch nach und überwand sich, ihr Sprachorgan zu nutzen. Nachdem die Tochter ihren Futtervorrat erfolgreich im Bauch angelegt hatte, wandte sie sich den Malmotiven zu. Mit Kommentaren wie „Wow, der Nikolaus. Und das Christkind!“ stellte sie auch hier ihre Begeisterung unter Beweis. Während ich für meine Nachbarin die Paartherapeutin spielte, hatte sich ihr Kind dann doch für den geschmückten Tannenbaum als Motiv entschieden und malte diesen in aller Seelenruhe aus. Überlegt griff sie zu den verschieden farbigen Buntstiften. Erstaunt war ich, dass ich hier wohl den Volltreffer gelandet hatte: Die Kleine bei Laune zu halten und das auch noch im mucksmäuschen stillen statt im hyperaktiven Modus. Die beste Gelegenheit, um ihrer Mutti etwas Gutes zu tun und zumindest den Versuch zu wagen, ihren Herzschmerz um ein paar

Prozent zu minimieren. Nach und nach gesellte sich tatsächlich ab und an ein Lächeln über ihre Lippen. Sie wurde wieder aktiver. Wie durch Zauberhand galt das auch für ihren Nachwuchs. Ach, ist das mit den Genen nicht ein Wunder?! Freudig sprang sie vom Stuhl auf und präsentierte uns stolz ihr Werk. Der dunkelgrüne Tannenbaum leuchtete mit roten, blauen, gelben und orangen Kugeln. Das i-Tüpfelchen bildete der knallgelbe Stern an der Christbaumspitze. Natürlich bestätigten wir die Kleine darin, dass sie das Motiv sehr schön und fleißig ausgemalt hatte. Weit hergeholt war das zum Glück auch nicht. Nach getaner Arbeit brauchte sie natürlich noch mal ein paar Plätzchen. Während sie vor uns stand und genauso fleißig kaute, wie sie zuvor malte, richtete sie ihren Blick auf den Adventskranz. „Heey, der ist ja immer noch aus!“, beschwerte sich das Mädchen.

Da erklärte ich ihr, dass das seinen guten Grund hatte, da ich die Kerzen gemeinsam mit ihr anzünden wollte. Natürlich sagte sie da nicht Nein. Ich griff zum Stabfeuerzeug und bot ihr an, den oberen Griff mitzuhalten, während ich die Kerzen anzündete. Wir zählten gemeinsam „Eeeins, zweiii, dreiii ...“ und da waren es auch schon vier! Ich fragte mich, was heller leuchtete: Die Kerzen oder die Augen der Kleinen? Seine Wirkung hatte der Kranz auf jeden Fall nicht verfehlt. Was ist denn auch schon der 4. Advent ohne den passenden Kranz dazu?! Ähnlich wie Spaghetti ohne Sauce. Oder Pommes ohne Ketchup. Die Kleine wünschte sich passend zur Weihnachtszeit noch ein paar Lieder. Diesen Wunsch wollten wir ihr natürlich nicht abschlagen. Also stellten wir drei uns um den Tisch herum und sangen Kling, Glöckchen, klingelingeling und O Tannenbaum. Die kleine Madame hatte sich dabei offensichtlich vorgenommen, ihr Operntalent unter Beweis zu stellen. Sie übertönte uns mit einer

Stimme lauter und schriller als zehn Gabeln, die man mit Schwung auf den Küchenboden warf. Na, Hauptsache, sie hatte ihren Spaß dabei. Auch wenn meine Ohren ihr da nicht zustimmen konnten. Sichtlich erleichtert war ich, als wir das Singen beendeten und die Kleine sich wieder ihren Malmotiven zuwendete. Jetzt war der Weihnachtsmann auf seinem Rentierschlitten an der Reihe. Unser gemeinsamer Gesang hatte der Lady aber wohl nicht ausgereicht. Also verlieh sie ihrer Malaktion abermals mit ihrer Stimme den letzten Schliff. Die hohe Tonlage sollte dabei ebenfalls nicht zu kurz kommen. Blöd nur, dass ihre weihnachtliche Stimmung unsere um ein paar Planeten übertönte. Unseren Weihnachtsfilm hätten wir genauso stumm ohne Ton sehen können. Hoffnungsvoll musterte ich meine Nachbarin, deren Laune sich inzwischen gebessert hatte und die durchaus ab und an einen Blick auf ihren Nachwuchs warf. Dabei auch mal einen Ton von sich zu geben? Fehlanzeige! Mich unbeliebt zu machen, war jetzt als Gastgeberin und Trostspenderin auch nicht gerade meine Lieblingsaufgabe. Also entschloss ich mich, es ihr gleichzutun. Nach ein paar Minuten musste ich dann aber doch für meine Nerven und Ohren einstehen und unterbrach den Plan: „Schön, dass du so gerne singst, aber könntest du das ein bisschen leiser machen?! Mir tun die Ohren weh und wir verstehen so nichts von unserem Film." „Aber bei Mama und Papa darf ich das immer!", schrillte es mir entgegen.

Ein Wunder geschah, als ihre Mutter an diesem Abend die ersten Töne an ihr Kind richtete: „Aber hier jetzt nicht, wenn es sie stört!" Die Widerstandskraft in ihrer Stimme lag dabei ungefähr auf Stufe 1 von 10. Ich hätte es ihr nicht übel genommen, sich hier ein Stück weit mehr an ihre Tochter anzupassen. Die blieb davon gänzlich unbeeindruckt. Sie hielt es nicht für nötig, ihrer Mutter nur einen kurzen Blick zu schenken. Der fiel stattdessen auf die Stifte. Sie entschied sich für den roten, um das Gewand vom Nikolaus zu perfektionieren, und trällerte dabei weiter fröhlich vor sich hin. An der Intensität hatte sich nichts geändert. Die große Madame neben mir meinte mit ihrer Aussage ihre Arbeit wohl verrichtet zu haben.

Ihre Mutter verschränkte entspannt die Arme und widmete sich wieder dem Fernseher zu. Von dieser Entspannung hätte sie mir gerne etwas abgeben können. Mein Nervenkostüm schritt der 180 entgegen. Verstehen Sie mich nicht falsch. Kinder sind Kinder. Das ist mir klar. Natürlich war ich diese schrille Lautstärke vor allem in meinen eigenen vier Wänden nicht gewohnt. Meine Gereiztheit bezog sich aber viel mehr auf die Erziehungsberechtigte, die ihren Aufgaben nicht ansatzweise nachkam, als auf ihren Nachwuchs. Kinder erziehen sich schließlich nur bedingt selbst. Wie sollen sie auch lernen ohne ein erwachsenes Vorbild?! Mir wollte es schlichtweg nicht runter, dass sich die Mutter durch die Hintertür zur Weihnachtszeit bei mir einlädt und ihrem Nachwuchs dann keine Grenzen setzt. Mir war bewusst, dass sie gerade eine schwere Zeit durchmachte. Die allerdings konnte nicht die Ausrede für alles sein. Zumal die Kleine anhand ihrer Aussagen und meinen Erfahrungen, die ich schon zuvor mit ihr gemacht hatte, den Erziehungsstil ihrer Eltern unterstrich.

Als das Kind erneut gefühlt zehn Häuser weit durch die Wohnung schrie „Mama, Mama, der Tannenbaum braucht noch Kerzen!“, während die ihr mit einem geistlosen „Ja“ entgegnete und dabei weiter den Fernseher fixierte, bekam ich endgültig zu viel. Bevor mir der Kragen platzte, verabschiedete ich mich aus meiner eigenen Wohnung. Okay, das kam jetzt vielleicht etwas falsch rüber. Weder hatte ich vor, woanders zu übernachten, noch rannte ich wie im Wahn die Treppen herunter oder lief wortlos aus der Türe. Nein, aus meinen eigenen Wänden vertreiben lassen, wollte ich mich garantiert nicht. Es sollte nur eine kurze Pause werden. Eine Raucherpause. Um meinen Kopf wenigstens ansatzweise frei zu bekommen. Ich brauchte dringend etwas, das meine Nerven beruhigte.

Und tatsächlich entspannte sich die Lage. Mein Level von 170 sank auf eine gediegene 50 ab. Dementsprechend stieg ich ziemlich relaxt die Treppen nach oben und schloss die Tür auf. Da hörte ich nicht nur das Kind, sondern auch meine Nachbarin lauthals schreien. Was sollte denn das?! Hatte sie immer noch nichts kapiert?! Und was war das ... der Teppich war klitschenass, wie ich schon vom Flur aus sah. Ohne Stiefel und Jacke auszuziehen, stürmte ich ins Wohnzimmer. Was ich da sah, sollte alles toppen. Die beiden standen kreischend um den Tisch herum. Ein Blatt hatte Feuer gefangen. Und das weitete sich zu allem Übel immer mehr aus. Auf ein weiteres Blatt, das scheinbar wie von Zauberhand ebenfalls auf den Tisch gekrochen war. Mein Herz raste. Mein Körper bebte. Mit offenem Mund und einem Puls, der die 180 längst überschritten hatte, realisierte ich, was hier geschah. Bis dahin hatte auch der Holztisch Feuer gefangen. Meine Nachbarin und ihre Kleine schrien weiter um die Wette. „Schnell! Macht doch was!“, klang ich mich ebenfalls brüllend, aber zumindest deutlich sinnvoller ein. So intelligent, die Wasserflasche zu nutzen, die bereits auf dem Tisch stand, war meine Nachbarin gerade noch. Doch die besänftigte das Feuer maximal. Hektisch schickte ich die Kleine ins Schlafzimmer. Sie konnte hier nicht helfen. Und ich wollte ihr passend zum 4.

Advent ungern noch ein Trauma hinterlassen. Die Floskel „Wie du mir, so ich dir“ lehnte ich schließlich ab.

Ich düste in die Küche, schnappte eine mittelgroße Gießkanne und befüllte sie auf schnellstem Weg unter dem Wasserhahn. Währenddessen rief ich meiner Nachbarin zu, sie solle sich noch weitere Wasserflaschen aus der Küche schnappen. Wir rasten zurück ins Wohnzimmer und versuchten, das Feuer zu ertränken. Es gab nach. Und wurde kleiner. Nur, um kurz darauf wieder neue Fahrt aufzunehmen. Nach dem Motto „Äääätsch, das hättet ihr wohl gern! So leicht mache ich es euch nicht!“ schien es uns provozieren zu wollen.

Während das Feuer in immer höherem Anlauf vor sich hin tobte, sah ich nicht nur meinen 4. Advent, sondern mein gesamtes Haus in Flammen stehen. Da kam mir der Lichtblick: Ich rannte ins Treppenhaus. Um ... kurz darauf in etwas schwererem Schritt wieder in die Bude zu springen. Zusammen mit einem Feuerlöscher! Ja, da hatte ich mich im Eifer des Gefechts tatsächlich auf ein paar Wasserflaschen und mittelgroße Gießkannen fixiert. Typisch ich! Einen Feuerlöscher kann man bei Feuer schon mal außer Acht lassen. Genauso wie die Tatsache, dass er nicht nur zur Deko im Treppenhaus platziert wurde.

Ich griff nach dem Hebel und fixierte die Flammen, während meine Nachbarin noch immer mit der Gießkanne meinen Laminatboden befeuchtete. 1, 2, 3 ... vorbei war die Übeltäterei! Zumindest für das Feuer. Das war plötzlich ganz kleinlaut. Genauso wie meine liebe Nachbarin. Das war ein Szenario, das uns erst mal nicht näher zueinander bringen sollte. Eines hatten sie und ich dann aber doch gemeinsam: Während sie mit hochrotem Kopf und von Schaum bedeckt vor mir stand, glühte und schäumte ich vor Wut!

Der Tisch tat es uns gleich. Glühte sich – im Gegensatz zu mir – aber aus. „Es tut mir leid“, stammelte meine Nachbarin, während sie mit ihrer rechten Hand versuchte, sich vom Schaum zu befreien. Nicht besonders erfolgreich. Ich wünschte nur, mir wäre in diesem Moment etwas mehr zum Lachen gewesen. Stattdessen bevorzugte ich es, den Boden anzustarren. In meiner leisen, aber drohenden Stimme ließ sich meine Aggression nicht verbergen. Kannst du mir sagen, was das war??!!

Drohte ich ihr, ohne eine Drohung auszusprechen. Das war zu viel des Guten! Noch besser wurde es, als sie mir ihre Erklärung ablieferte.

Sie stotterte mir eine Geschichte zusammen, die ich mir nur folgendermaßen erklären konnte: Nach diesem gelungenen Abend wollte sie zur Krönung noch für einen Lacher sorgen. Oder aber mich endgültig für bekloppt abstempeln. Dass sie dazu noch den Mumm hatte – Hut ab!

Mit Entsetzen musste ich später feststellen, dass ihr Märchen keines gewesen sein sollte. Während ich meine wohlverdiente Raucherpause einlegte, hielt das Kind an seinem Plan, dem Tannenbaum noch Kerzen zu verleihen, fest. Wären die mit auf dem Motiv gewesen, hätten wir uns einiges ersparen können. Oder aber die Mutter hätte ihren Sprössling zu etwas Kreativität angestachelt. Aber nein, wie der Zufall es so wollte, kam es anders. Da meine Nachbarin sich lieber den Fernseher statt ihrem Kind widmete, musste das sich selber helfen. Oder eher dem Tannenbaum. Sie schnappte also das Motiv und hielt es ... mitten in die brennenden Kerzen! Ja, Sie haben richtig gehört. Schließlich fehlten die dem lieben Baum ja noch. Und so nahm das Szenario seinen Lauf. Weshalb ich diese Erklärung für einen Witz hielt, fragen Sie sich vielleicht?! Schließlich handelt es sich bei dem Verursacher um ein kleines Kind. Auch hier weise ich dem Mädchen keine Schuld zu. Mein Schock bezog sich abermals auf die liebe Mutter. Das Kind war 4 Jahre alt. Alt genug, um zu wissen, dass man mit Feuer weder spielt noch aus Spaß an der Freude etwas hineinhält oder -wirft. Aber natürlich nur, wenn es das auch beigebracht bekommt. Woher soll ein kleines Kind wissen, dass der fliegende Teppich aus dem Märchen sich im wahren Leben ohne fremde Hilfe keinen Zentimeter vom Boden wegbewegt?! Okay, wir wollen es mal nicht übertreiben.

Aber woher soll es erahnen, dass ein Frosch quakt und eine Katze miaut, wenn es das nicht in der Praxis erlebt oder von jemandem erklärt bekommt?! Kommen wir etwa allwissend zur Welt?! Das wäre mir neu! Selbst die vermeintlich einfachsten Dinge müssen wir irgendwie erfahren. Dass die Katze miaut und ein Frosch quakt, darf ein Kind meines Erachtens gerne in der Praxis lernen. Bei dem Thema, wie sich Feuer auswirken kann, sieht es dann doch noch mal ein bisschen anders aus. So viel Verstand, ihrer Kleinen das in der Theorie statt in der Praxis beizubringen, hätte ich dann sogar meiner Nachbarin zugetraut. Wenn sie schon darauf bestand, es ihr durch Letzteres zu lehren, dann doch bitte nicht bei mir! Wenigstens hatte sie den Mumm, kleinlaut zuzugeben, dass sie mit ihrer Tochter nie über dieses Thema gesprochen hatte. Während ich mich noch am Anblick des halb abgebrannten Holztisches erfreuen durfte, hatte ich an meine Nachbarin nur folgende Worte zu richten: „Könnt ihr jetzt bitte gehen?! Ich brauche Zeit für mich." „Natürlich", erwiderte sie beschämt. Sie dackelte ins Schlafzimmer, um es kurz darauf mit ihrer Tochter zu verlassen. Während sie sich anzog, musste sie ihrer Mutter noch mitteilen: „Mama, hier stinkts! Und da ist ja ganz viel Schaum!" Ehe sie aufspringen konnte, um den zu bewundern, zog sie meine Nachbarin am Arm in Richtung Tür. „Los, wir gehen!" Zum netten Abschluss winkte mir die Kleine noch unschuldig zu. „Tschüüüss!" Zumindest ein erzwungenes Lächeln brachte ich über meine Lippen, um ihr zurückzuwinken. Die nächsten zwei Wochen schien meine Nachbarin wie vom Erdboden verschluckt, bis ich sie zufällig auf der Straße wiedersah.

Glücklich erzählte sie mir, dass sie sich wieder mit ihrem Mann versöhnt hatte. Trotz aller Happiness konnte sie die noch immer vorhandene Scham in ihrer Stimme nicht verbergen. Dabei sprach sie an mir vorbei, als hätte ich mich durch eine plötzliche Sehschwäche in ihrer Wahrnehmung um einen Meter nach links verschoben. Unseren unvergesslichen 4. Advent und die Tatsache, dass meine Bude ihn nur mit Ach und Krach überlebt hatte, schwiegen wir einfach tot. Was solls – so was kommt halt mal vor!

Was möchte ich Ihnen, liebe Eltern, anhand dieser Story mit auf den Weg geben? Na, hoffentlich ist das im Grunde gar nicht notwendig. Aber weil ich meine Weisheiten so gerne teile: Vergessen Sie nicht, dass wir alle „neu" auf die Welt kommen. Wie Ihr Kind lernt, welche Geräusche eine Katze, ein Frosch, eine Ziege oder sonst wer von sich gibt, entscheiden Sie. Hauptsache, es zählt innerhalb der ersten Jahren zu seinem Wissens-Repertoire. Aber Dinge, bei denen mal kurz die Bude abbrennen kann oder das Kind und andere sonst wie in Gefahr geraten, denken Sie daran: Theorie geht vor Praxis!

Um zum milderen Punkt zu kommen: Welche Regeln für Ihren Nachwuchs in Ihrem Haushalt gelten, ist ebenfalls Ihnen überlassen. Seien Sie doch aber bitte so frei und bringen ihm bei, dass in anderen Haushalten bzw. bei Gästen andere Regeln gelten. Es spricht doch für Sie, wenn Ihr Kind (bei anderen) die Garderobe und andere Plätze einigermaßen ordentlich hinterlässt.

In diesem Sinne wünsche ich Ihnen einen schönen (nächsten) Advent ohne größere Sperenzchen.

Eltern und ihre Optionen

Wenn Mütter und Väter ihre Kids in Entscheidungen einbeziehen, ist das oft eine gute Sache. Die Kleinen fühlen sich wahrgenommen und wichtig. Ihr Selbstbewusstsein bekommt einen Kick. Damit der Kick aber nicht so hoch ausfällt, dass sie über sämtliche Häuser fliegen oder voller Fragezeichen verwirrt im Eck stehen, ist es ratsam, sich vorher zu überlegen, wann und vor allem in welche Entscheidungen man den Nachwuchs einbezieht.

UND, ob man Aussagen wirklich in Fragen verpacken sollte. Das klären wir anhand dem folgenden Fallbeispiel. Mitdenken ist – wie immer – erlaubt!

Eine befreundete Grundschullehrerin war so nett, mir diesen 1A Input zu verraten. Damit ich auch Ihnen ein Parabeispiel dafür nennen kann, wie man etwas NICHT macht.

Es war ein stinknormaler Schultag wie jeder andere auch. Die Kids waren, je nach Fach und Aufgabe, mal mehr, mal weniger motiviert. Und so verstrich die Zeit, bis dann um 12:30 Uhr die für alle wohlverdiente Feierabendklingel läutete. Naja, zumindest was den Hauptteil anging, denn meine Freundin hatte noch eine wichtige Teambesprechung mit ihren Kollegen vor sich, die um 12:45 Uhr starten sollte. Eine ganz liebe, aber ziemlich ängstliche 7-jährige Schülerin sollte an diesem Tag von ihrem Vater und ihrer kleinen 2 Jahre alten Schwester abgeholt werden. Der Vater war dafür bekannt, zuverlässig und absolut überpünktlich zu sein.

Bis auf diesen besagten Mittwoch. Dementsprechend unruhig wurde seine sowieso schon ängstliche Tochter. Das bekam meine Freundin mit, die die Kleine so natürlich nicht alleine auf ihren Papa warten lassen konnte. Nach geschlagenen 25 Minuten kam der Vater keuchend und händchenhaltend mit seinem jüngeren Kind an der Schule an. Er entschuldigte sich gefühlte tausend Male, ehe er seine Verspätung erklärte: Er hatte mit beiden Mädels im Anschluss einen Zahnarzttermin. Autsch?! Wahrscheinlich nicht. Es sollte nur darum gehen, die Beißerchen zu kontrollieren. Zu den Zahnarztfans zählten die zwei trotzdem nicht. Die Kleine noch weniger als die Große, die aus ihrer bockigsten Phase (erst mal) raus war. Bei der jüngeren Tochter kannte er die Sperenzchen aber und hatte deswegen nur folgende Optionen: Dem Fräulein nichts von dem Termin zu erzählen und damit zu „überraschen“, es tobend und kreischend auf dem Arm in die Praxis zu tragen oder den Termin sausen zu lassen. Letzteres kam für ihn nicht infrage. Kontrolle musste schließlich sein. Und wenn er die Madame nicht so früh wie möglich an den Zahnarzt gewöhnte, würde es dann im Alter besser werden?

Vielleicht, vielleicht aber auch nicht. Dem Zufall wollte er es nicht überlassen. Die Kleine fast schon mit Gewalt schreiend und kreischend in die Praxis zu tragen, wollte er sowohl ihr als auch sich selbst ersparen. Würde er sie aber damit „überraschen", hätte er die Befürchtung, dass sie vor lauter Schock erst recht austickt. Also entschied er sich für eine weitere Option, die ihm irgendwann beim Nachdenken ins Hirn flatterte: Er teilte ihr offen und ehrlich mit, was Sache ist. Aber ganz locker und easy verpackt. „Naaa? Wollen wir jetzt deine Schwester abholen und danach zusammen zum Zahnarzt?" Eine loyale Lösung. Für beide Seiten. Oder?! Daddys Hoffnung erfüllte sich leider nicht. Die Kleine nahm IHRE Optionen wahr und reagierte mit „Nein". Blöd für ihn, aber legitim für sie. Oder wie sehen Sie das? Schließlich hatte der Vater ihr eine Frage gestellt. Und die lässt sich bekanntlich mit Ja oder Nein beantworten. Genau. Beantworten. Das war das Stichwort! Dass für den Papa ein Nein keine Option war, dürfte Sie nicht wundern. Die Kleine dagegen schon. Also war das Chaos perfekt, als es entgegen aller Erwartungen doch zum Zahnarzt ging. Sie trotzte mit allen Mitteln, um ihre Entscheidung durchzusetzen. Was ihr gutes Recht war! Das geht schließlich nicht, dass Papa sie erst nach ihrer Meinung fragt und sie dann doch nach seiner Pfeife tanzen soll.

Demnach brauchte der Vater gleich dreimal so lange, um die Kleine in Matschhose, Gummistiefel, Mütze, Schal und Handschuhe zu packen. Und dass er das geschafft hat, verdankte er auch nur seinem guten Zureden und den Überredungskünsten. Wunder bewirken konnte es dennoch nicht. Noch vor der Schule verschränkte das Fräulein trotzig die Arme und drehte sich bockig zur Seite weg. Kommentare wie „Papa hat gesagt, ich muss nicht zum Zahnarzt, wenn ich nicht will, und jetzt gehen wir doch!" blieben ihm auch nicht erspart. Na, immerhin konnte das Mädchen den nervigen Termin dank ihrer Widerstandskraft noch etwas nach hinten schieben. Der wäre nämlich schon eine knappe halbe Stunde zuvor an der Reihe gewesen. Auch meiner Freundin schenkte sie das beste Argument, um später bei ihrer mindestens genauso nervigen Teambesprechung einzutrudeln.

Ein Satz mit x, das war wohl nix! Zu welchem Ergebnis kommen wir also? Richtig! Es ist nicht gerade vorteilhaft, Forderungen in Fragen zu verpacken. Nicht, wenn es Ihr Ziel ist, dass sie auch in die Tat umgesetzt werden.

Kinder, vor allem Minis wie in dieser Story, können nicht nachvollziehen, dass eine Frage eigentlich eine Aussage ist. Es sieht nur, dass es die Wahl hat, sich entscheiden kann. Warum sonst stellen Sie ihm auch eine Frage?

Den Jungspunden ist nicht klar, dass Sie eigentlich gar keine Antwort erwarten. Machen Sie sich also gleich auf eine gefasst. Und rechnen Sie dabei bloß nicht mit einer für Sie positiven Reaktion! Wenn Sie dann dennoch Ihr Ding durchziehen wollen, ist das Chaos groß. Und die Schuld ist nicht bei Ihrem Kind zu suchen, das eine Entscheidung gefällt hat, die SIE ihm überlassen haben! Es fühlt sich übergangen, nicht ernst genommen und mit dem Vertrauen ist es vielleicht auch erst mal dahin. Die scheinbaren Zickereien und Widerstände gehen dann auf Ihre Kappe!

Wenn Sie also eine klare Forderung an Ihren Nachwuchs haben, machen Sie ihm das auch begreiflich. Ohne sie in einer Frage zu verstecken oder sonst wie drumherum zu reden. Dann weiß er gleich, was Sache ist. Gewisse Fragen vermitteln Unsicherheit. Oder warum lassen Sie Ihrem Kind die Wahl, ob Sie die große Schwester von der Schule abholen?! Das tun Sie natürlich nicht, aber so kommt es bei ihm an. Da brauchen Sie sich nicht zu wundern, wenn bald jemand seine neuesten Dance-Moves auf Ihrer Nase ausprobiert. Und das wird nicht Ihre Katze sein! Auch wenn diese speziellen Vierbeiner durchaus auch Meister darin sind, ihren Willen durchzusetzen.

Abgesehen davon, gibt es Entscheidungen, die ein (kleines) Kind nicht treffen kann. Und nicht treffen darf. Ob das Geschwisterchen abgeholt werden soll, gehört wohl definitiv dazu. Also: Lassen Sie Fragen Fragen sein und Forderungen Forderungen!

Dem Kind nur nichts zutrauen und über den eigenen Schatten springen

Wir alle kennen sie: Helikopter-Eltern. Es gibt wohl kaum jemanden, dem dieser Begriff ein Fremdwort ist. Dem einen kam er schon dutzende Male zu Ohren – die anderen hatten das „Geschenk“, diese Erfahrung direkt vor ihren Augen zu machen. Aber wie man das Blatt auch dreht und wendet: Ein Lächeln zaubert es denen, die sich das reinziehen dürfen, wohl kaum auf die Lippen. Eltern und ihren Nachwuchs schließen wir mal mit ein. Butter bei die Fische: Glauben diese Leute tatsächlich, dass sie ihre Kinder so zu einem gestandenen Mann oder einer gestandenen Frau erziehen?!

Ich erinnere mich gerne an eine Freundin und ihren 8-jährigen Sohn. Der Vater ging mit dem Jungen ganz normal und in meinen Augen altersentsprechend um. Die Mutter dagegen verhätschelte ihren Sohnemann, wo es nur ging. Als er in der ersten Klasse war, kam er in der Schule in Situationen, in denen ihm ab und an ein blöder Spruch von seinen Klassenkameraden reingedrückt wurde. Zur Klarstellung: Wir reden hier nicht von Mobbing, sondern von gewöhnlichen Situationen in dieser Altersklasse. Kinder sind von

Grund auf gut! Dabei bleibe ich. Aber sie VERHALTEN sich nicht immer gut. Was irgendwie auch für sie spricht, da sie, im Gegensatz zu den meisten Erwachsenen, einfach echt sind. So ziemlich jedem wurde in der Schulzeit ab und an ein blöder Kommentar hinterhergeworfen. Die betroffenen Kids lachten darüber oder schossen mit einem noch frecheren Kommentar zurück. Und damit hatte es sich! Nicht so bei meiner Freundin. Als ihr zu Ohren kam, wie die ach so bösen Kinderlein ihren lieben Sohnemann behandelten, stürmte sie direkt am nächsten Tag in die Schule. Aggressiv klopfte sie während des Deutschunterrichts an die Türe und riss sie auf.

Was dann folgte, war für die anderen die Einladung zu dem Mobbing, was davor nur im Kopf meiner Freundin existiert hatte: Wie die anderen Schüler denn nur so unter aller Sau mit ihrem Jungen umgehen konnten. Wehe, sie würde noch einmal irgendwas in diese Richtung hören. Dann wäre die Kacke aber am Dampfen! Der Kleine berichtete mir selbst von dem erstklassigen Auftritt und den Reaktionen. Manche schauten blass und geschockt aus der Wäsche. Andere versuchten wohl mit viel Mühe, ihren Lachanfall so zu kontrollieren, dass er nicht zu Mamis Ohren oder gleich durchs ganze Schulhaus schallte. Die verließ die Türe mindestens genauso aggressiv, wie sie zu ihr hereinkam. Und zum goldenen Abschluss noch mit einem lauten Knall. Die Deutschlehrerin musste ihren Vortrag für den meiner Freundin unterbrechen und brachte währenddessen nur ein stammelndes „Äääh, ääh ..." zustande. Aber immerhin hob sie ihren Zeigefinger! Wir wollen der Frau nichts vorwerfen. So einen Auftritt legt vermutlich nicht jede Mutter ab. Den hätte sie sich auch lieber gespart oder in der Theaterprobe geübt. Ihr eigentliches Ziel konnte sie damit eher nicht erfüllen.

Hatte sie das echt geglaubt? Dass sie mal kurz vor versammelter Mannschaft „Super-Mutti“ spielen kann und ihr Sohnemann danach nur noch mit vergoldeter Zunge angesprochen wird? Weil Mami das so gesagt und allen ordentlich die Leviten gelesen hat? Wow! Fantasie kennt bekanntlich keine Grenzen. Aber sollte dann doch lieber im Märchen ausgesponnen werden, denn ab jetzt war es nicht ein dummer Spruch, den sich ihr Kind, wie es untereinander halt üblich ist, ab und zu mal geben durfte. Nein, ab jetzt durfte er sich mit gewissen Standard-Kommentaren anfreunden. Wie zum Beispiel, ob gleich wieder Mami kommt und die Kacke bald am Dampfen ist. Das wäre sie wahrscheinlich auch gewesen. Hätte der Junge vor meiner Freundin nicht ein Machtwort gesprochen und IHR zu Hause die Leviten gelesen!

Dass es das so ziemlich peinlichste Erlebnis für ihn war und sie damit das genaue Gegenteil erreicht hatte, wurde ihr erst währenddessen klar. Aber den Fehler ausbessern, war nicht mehr. Mit dem Ergebnis musste Sohnemann jetzt leben. Die paar Kids, die sich dagegenstellten, konnten das Ruder auch nicht mehr rumreißen. Die Kacke war am Dampfen! Wo sie zuvor noch nicht mal gequalmt hatte.

Wie hätte sie auch nur auf den Gedanken kommen können, dass Sohnemann sich selbst mit einer minimalen Portion Humor zur Wehr setzen konnte?! Jetzt brauchte er nicht mehr einen kleinen Löffel, sondern gleich eine ganze LKW-Ladung davon.

Was will sie denn tun, wenn ihr Junge tatsächlich mal in einen richtigen Streit gerät? Jedes Mal wie Superman dazwischenfliegen, sich vor ihn stellen und den Feind in die Ecke schmeißen?!

Oder bei einer Meinungsverschiedenheit mit seiner ersten richtigen Freundin laut werden und vor beiden Paartherapeutin spielen?

Möchte sie ihn später auch vor seinem Chef bei der kleinsten Kritik verteidigen? Ihm erzählen, dass die Kacke bald am Dampfen ist? Das wird dann wirklich bald der Fall sein, sobald der Junge ohne Job dasteht. Dann muss sie ihn vor der Arbeitslosigkeit behüten. Aber erst mal muss er das Berufsleben packen. Denn alle Aufgaben hat ja bislang Mami für ihn übernommen.

Seine vermeintlichen Konflikte für ihn auszutragen, war da längst nicht alles. Mit 7 Jahren hatte er auch vom Schneiden keine Ahnung. Selbst der Begriff „Kindermesser“ war ein Fremdwort für ihn. Er könnte sich ja verletzen. Also fiel die Aufgabe meiner Freundin zu. Schwimmen hatte der junge Mann bereits gut drauf. In der Praxis fiel die Leistung aber eher mau aus. Verantwortlich dafür war nicht er, sondern Mami, die im Wasser im wahrsten Sinne des Wortes wie ein Helikopter um ihn herumkreiste. Im Nichtschwimmerbecken. Und das trotz Schwimmflügeln, die er längst nicht mehr gebraucht hätte! Während also andere Kids im Sichtfeld ihrer Eltern fröhlich ohne Hilfsmittel ihre Runden hin und her plätscherten, „kroch“ ihnen meine Freundin mit ihrem Sohn nach.

Wie bitte soll der Junge sich vor seinem 30. Lebensjahr sein Fleisch selber schneiden?! Oder seinen eigenen Kindern schwimmen beibringen, wenn er ihnen in Schwimmflügeln „hinterherkrabbelt“?! Wie will er jemals ohne Mutti auf Geschäftsreise gehen, wenn das Leben vor Gefahren doch nur so strotzt?! Liebe Väter, liebe Mütter, was lernen wir aus dieser Geschichte?!

Lasst eure Kinder doch bitte ihre eigenen Erfahrungen machen! Natürlich sollt ihr sie vor Gefahren bewahren, so gut ihr eben könnt. Aber nicht vor allen. Sondern vor wirklich ernsthaften. Einen kaputten Kopf bei Ihren Kleinen zu riskieren, weil Sie ihn happy ohne Helm mit dem Fahrrad durch die Gegend düsen lassen, wäre nicht gerade vorteilhaft. Da lieber Vorzeige-Mutti oder Vorzeige-Papi und den Spielverderber spielen.

Aber ihn vor ALLEM zu behüten, ist ungefähr so realistisch, wie mit einem 50-Cent-Luftballon in den nächsten Urlaub zu fliegen. Und das ist auch gut so. Wie soll Ihr Nachwuchs sonst lernen, sich selbst, Risiken und Grenzen abzuschätzen? Wie soll er Selbstvertrauen gewinnen, wenn Sie ihn ständig wie einen neugeborenen Chihuahua vor den bösen Wölfen abschirmen und die Zähne fletschen?!

Spinnen wir das Ganze mal ein bisschen durch. Was hätte dem Jungen meiner Freundin passieren sollen? Die Kommentare der Mitschüler hätten ihn vielleicht in gewisser Weise gereizt oder ihn getroffen. Und dann?! Keiner wünscht sich, dass sein Sprössling Leid durchmacht. Aber es wird sowieso passieren. Früher oder später. Und je eher er lernt, diese Situationen selbst zu lösen, mit den Emotionen umzugehen, desto schneller und intensiver lernt er. Wächst und wird stärker.

Das gilt natürlich nicht für Mobbing!! Sollte das auf Ihr Kind zutreffen, ist es wichtig, einzuschreiten, es zu unterstützen. Ansonsten können innere Wunden entstehen, die (so schnell) nicht mehr verheilen. Übliche Konflikte und Neckereien sollten Sie Ihren Nachwuchs aber alleine lösen lassen und ihm das auch zutrauen!

Was hätte im Wasser passieren können, nachdem der junge Mann sogar mit Schwimmflügeln ausgerüstet war, bereits schwimmen konnte und Mama mit im Wasser gewacht hat? Sollte unter den Bedingungen nicht ausreichen, den Kleinen im Blick zu haben und jederzeit handeln zu können? Musste Sohnemann da noch durchgängig wie ein Helikopter umkreist werden?!

Die gleiche Geschichte beläuft sich auf das Thema mit dem Messer. Dass der Junge mit 7 Jahren noch null Erfahrung im Umgang damit hatte, ist schon ein hartes Stück! Notwendig? Wohl kaum! Solange er unter Aufsicht eines Erwachsenen mit einem normalen! Brotmesser oder sogar Kindermesser hantiert, sollten Sie Ihren Sprössling das machen lassen. Statt ihm zu verklickern, dass das Risiko hierbei einem Bungee-Jumping ohne Seil gleicht! Natürlich kommt es immer auf den Entwicklungsstand des Kindes an. Sie kennen Ihr Kind am besten und seinen Umgang mit Gegenständen, die eventuell Gefahren mit sich bringen! Aber in den meisten Fällen können Sie Ihrem Nachwuchs unter Ihrem Blick ruhig zutrauen, dass er sich selber sein Fleisch schneidet oder das Brot schmiert. Die üblichen Unfälle belaufen sich dabei auf kleine oder größere (Schürf-)Wunden, die sich jedes Kind in seinem Leben zig Mal zuzieht. Auch wenn es sehr unwahrscheinlich ist, kann theoretisch natürlich auch Schlimmeres passieren. Auch unter Aufsicht. Eine Gewähr und Garantie gibt es nicht. Das ist das Leben. Sie treffen die Entscheidung und tragen die Verantwortung. Das trifft nicht nur auf den Punkt mit dem Messer zu, sondern auf so ziemlich alles.

Mein Kind sucht sich selbst aus, was es essen möchte

Kinder und die lieben Mahlzeiten. Manche futtern alles, was ihnen in die Quere kommt, und andere sind schleckiger als jede Katze, die ausschließlich auf Sheba besteht. Geschmäcker sind wohl irgendwie angeboren und man kann ein Kind nicht zu seinem Glück zwingen. Sollte man auch nicht. Wenn es keinen Blumenkohl mag, dann ist das eben so. Aber die komplette Gegenschiene zu fahren, wie im folgenden Beispiel, ist auch nicht das Gelbe vom Ei (das die meisten Kinder übrigens extrem lieben)!

Meine beste Freundin hat einen 8-jährigen Sohn. Der entscheidet selbst, was er essen möchte. Für die Mutter ist es zum Standard geworden, ihr Kind zu fragen, was es essen will. Egal was es sich wünscht, es wird gemacht. Und selbst wenn sie keinen Bock drauf hat, kocht sie es trotzdem. Bevor Sohnemann noch vom Fleisch fällt, weil er sonst nichts isst. Im Hort wird kategorisch der Essensplan für die Woche durchgegangen, ob denn etwas dabei ist, das dem feinen Herrn schmeckt. Wenn nicht, hat Mutti ihm zu kochen, was er will, damit er das mitnehmen kann und auch was Anständiges zu essen hat. Abends wird dann noch zu Hause gefuttert. Meistens warm, weil Brot und Co ihm nicht gut genug sind. Im Hort oder wenn die beiden bei jemandem eingeladen sind, zieht er es ansonsten knallhart durch, keinen Happs zu nehmen. Probieren ist nicht. Nicht, wenn dem Jungen nicht gefällt, was er sieht. Da gibts auch kein Wenn und Aber. Lieber sitzt er stundenlang oder sogar bis zum nächsten Tag mit knurrendem Magen da. Auch die Erzieher im Hort haben aufgegeben, weil das mit Mama so abgesprochen ist und sie sich das Genöle vermutlich selbst ersparen wollen.

Aber wie kam es eigentlich dazu? Das Spiel macht meine beste Freundin tatsächlich schon seit drei Jahren mit. Damals war der Kleine extrem trotzig und verweigerte sein Essen, wenn ihm das auf dem Teller nicht gut genug war. Egal, ob es der Geruch, das Aussehen oder tatsächlich mal der Geschmack war, da er das Gericht schon kannte: Er blieb hartnäckig. Meine Freundin legte ihre gesamte Überredungskunst an den Tag. Die scheiterte allerdings erfolgreich. Weil sie es nicht mit ansehen konnte, wie ihr armer kleiner Mann hungerte, musste sie erfinderisch werden. Also bat sie ihm an, stattdessen Obst zu essen. Dem willigte er ein und futterte fleißig Mandarine und Banane. Bis ihm das nach ein paar Tagen auch nicht mehr gut genug war. Da bestand er auf einmal auf Spaghetti und drohte damit, dass er sonst gar nichts essen würde. Das konnte natürlich nicht durchgehen. Also bekam er seine Spaghetti und keiner musste sich Gedanken um einen knurrenden Magen machen. Ende gut, alles gut. Ein Ende sollte aber bis heute nicht eintreten. Sohnemann hat sich so an seinen Luxus gewöhnt, dass Mami es gar nicht mehr wagt, ihm den zu nehmen. Ja, Kind, da hast du deine Mutter gut (v)erzogen. Gratulation!

Was dachte sich meine Freundin da eigentlich? Okay, dann tu ich ihm jetzt halt mal den Gefallen, koche ihm seine geliebten Spaghetti und morgen isst er dann als Dank brav, was ich möchte? Oder: Er wird bestimmt immer bei Obst als Alternative bleiben, weil er ja weiß, dass das so gesund ist. Häää?! Ne, sorry! Das Leben ist kein Wunschkonzert. Für ein Kind aber schon, wenn man auf diese Weise handelt. Es funktioniert doch super. Es wünscht sich ein Lied und das wird gespielt. Da hat es dann allen Grund, in die Hände zu klatschen und abzutanzen. Und weil es so gut läuft, wünscht es sich jetzt einfach täglich sein Lieblingslied. Die Band steht ja bereit, um es für den jungen Herrn zu spielen. Die hypersoziale Band, die das Ganze sogar kostenlos zur Verfügung stellt.

Väter und Mütter: Zwingen Sie Ihr Kind nicht, etwas zu essen, das es partout anekelt. Wir wollen ja nicht, dass ihm schlecht wird oder es Essen nur noch mit etwas Negativem verbindet. Im Eifer des Gefechts können Sie ihm auch mal eine Alternative anbieten. Das sollte aber nicht zur Norm und vor allem an Bedingungen geknüpft werden. Vor allem daran, dass das Kind erst mal probiert, was ihm da serviert wurde. Vorher kann es ja gar nicht abschätzen, ob ihm das Zeug wirklich widerstrebt. Und es wäre nicht das erste Mal, dass Kids süchtig nach etwas werden, das sie davor scheinbar „bäh“ fanden. Weil sie dem Essen nicht mal eine Chance gegeben haben. Und wer oder was möchte schon aufgrund seines Aussehens vorverurteilt werden?!

Und wenn Sie so gütig sind, Alternativen anzubieten, dann bitte auch nur unter der Bedingung, dass es sich um etwas Gesundes handelt! Sonst können Sie Ihren Aufbewahrungsschrank gleich mal für Gummibärchen und Ihre Tiefkühltruhe für sämtliche Eissorten räumen. Und der Haus- und Zahnarzt Ihres Kindes wird sich bei Ihnen für die Extraportion an Arbeit bedanken!

Der älteste Trick

Nicht in allen Bereichen sind die Jungspunde grün hinter den Ohren. In so einigen Situationen wissen sie ganz genau, wie sie zu dem kommen, was sie wollen. Dabei greifen sie gerne mal auf altbewährte Tricks zurück. Tricks, die nicht nur Oma und Opa, sondern auch Mama und Papa längst bekannt sein sollten. Eigentlich ...

In meinem Verein ist eine Frau, die mit ihrem Mann eine 5-jährige Tochter hat. Sie verstehen sich als Paar im Großen und Ganzen super und haben auch ihr Kind fest im Griff. Letzteres glauben sie zumindest ... die Storys, die die Mutter mir erzählt, sprechen da andere Bände. Da teilte sie mir mit, dass das kleine Fräulein unbedingt die neueste Barbie wollte und einfach keine Ruhe gab. Schön und gut. Wie Kinder halt so sind. Aber das Getue der Kleinen ging ihr sichtlich auf die Nerven. So krass, dass ich mir schon fast sicher war, dass sie einknicken würde. In der nächsten Stunde fragte ich sie nach dem neuesten Stand. Sie hätte jetzt bekommen, was sie wollte, erzählte sie genervt. „Ha!", dachte ich mir rechthaberisch. „Sie ist schwach geworden!" Wir rannten ein paar Runden durch die Halle, was sie offensichtlich brauchte. Falls sie sich Mühe gab, ihre Laune zu überdecken, zählte die Schauspielkunst nicht gerade zu ihren Stärken. Bis es plötzlich in gereiztem Tonfall aus ihr herausbrach: Sie war sauer auf ihren Mann. Der war während ihrer Arbeit mit dem Töchterlein in der Stadt und konnte dem Bitten und Flehen der Kleinen einfach nicht widerstehen. Und das war nicht das erste Mal. Sie hatte die Rolle der bösen, harten Mutter, während ihr Mann Prinzessin kaum einen Wunsch abschlagen konnte. Er versuchte es zwar immer wieder, ließ sich aber regelmäßig weichklopfen. Selbst dann, wenn die beiden sich als Eltern fest darauf geeinigt hatten, dass Madame dieses Mal ihren Kopf nicht durchsetzen wird. Der Vater ließ sich vor seiner Frau kaum Unsicherheit anmerken. Auch nicht im Beisein seiner Tochter. Aber war die Kleine mit Daddy allein, wusste sie genau, welche Tasten sie bei ihm drücken musste. Das nutzte sie natürlich und gewann damit mindestens die Hälfte aller Fälle für sich. Früher oder später. Früh übt sich, wer Mami und Papi fest im Griff haben will. Oder einen von beiden. Seine Frau behielt ihren Frust oft für sich, während sie innerlich explodierte. Ausbaden durften das dann Dritte, in dem Fall ich. Stattdessen bekam der Mann immer wieder unterschwellige Anspielungen ins Gesicht gedonnert. Damit sie sich daraufhin erst recht darüber aufregen konnte, dass der gute Herr sich einfach nicht an die Regeln hielt.

Glauben diese Leute echt, sie könnten so eine gute Beziehung führen oder sogar retten? Indem sie alles unter den Teppich kehren und vor ihrem Partner einen auf Lila-Laune-Bär machen? Obwohl dieser Bär innerlich eigentlich explodiert vor Wut? Glauben die, sie können ihre Kleinen in einer XXL-Seifenblase mit ewiger Haltbarkeit leben lassen? Indem sich Mami und Papi immer lieb haben und nie in die Wolle kriegen? Und meinen die, sie könnten mit ihrer spektakulären Rollenverteilung in Gut und Böse ihrem Nachwuchs ein Vorbild sein? Sich vielleicht sogar über ihren Partner stellen?

Liebe Paare eines oder mehrerer Kinder (egal ob verheiratet oder nicht): Nein, wir sind hier nicht in einer Paartherapie. Dennoch möchte ich an dieser Stelle sagen: Reden Sie miteinander! Offen und deutlich. Erwarten Sie nicht, dass der andere zwischen den Zeilen liest. Sagen Sie geradeaus, was Sie stört und Ihr Gegenüber ändern soll. Treffen Sie Entscheidungen zusammen. Und dann – halten Sie sich auch daran. Und zwar beide, in allen Fällen! Dem Kind hinter dem Rücken des anderen sein langersehntes Spielzeug hinterherzuwerfen, ist extrem mies Ihrem Partner gegenüber. Sie schmücken sich als Supermami oder Superdaddy, während der andere Part als der Böse dasteht. Das geht überhaupt nicht. Und sollten Sie doch mal schwach werden: Haben Sie wenigstens den Mumm, es dem anderen zu gestehen. Schließlich sollten Sie als Eltern an einem Strang ziehen. Und das geht schlecht, wenn Sie sich nicht an Vereinbarungen halten und es dann auch noch an Kommunikation fehlt.

Um zu unserem eigentlichen Thema zurückzukommen: Ihr Kind weiß, wen von Ihnen es weichklopfen kann. Es wird nichts unversucht lassen, Sie immer wieder gegeneinander auszuspielen. Sagt Mami Nein, gehe ich halt zu Daddy. Oder umgekehrt. Das schadet nicht nur Ihrer Beziehung, sondern auch Ihrem Nachwuchs. Der merkt, dass er in Ihnen keinen echten Halt findet. Da Sie sich uneinig sind und nicht hinter Ihrem Wort stehen. Ich schätze auch, dass Sie von Ihren Kids ernst genommen werden wollen. Oder?! Auch das können Sie sich unter diesen Bedingungen abschminken. Also:

Tun Sie etwas für sich selbst, Ihre Beziehung und Ihren Nachwuchs und bleiben Sie trotz der größten Kulleraugen hart!

Die Wortwahl machts

Eine frühere Freundin von mir hat einen Sohn, der damals 3 Jahre alt war. An sich ein lieber kleiner Fratz, der fast immer auf Mami hörte. Auch von seiner Trotzphase merkte man ihm nicht viel an. Der Traum aller Mütter! Plötzlich sollte sich das Blatt wenden, als sie mir völlig gereizt von einem besagten Nachmittag erzählte. Mami saß mit ihrem Sohn am Tisch, auf dem schon die Teekanne und der Teller mit Schoko- und Butterkeksen stand. Wie so ziemlich jedes Kind war der Kleine natürlich gierig nach den Keksen und etwas zu hastig unterwegs. Als er sich ein paar davon schnappen wollte, stieß er also kurzerhand die Kanne um. Aus Versehen, versteht sich! Das einzige Glück war, dass der Tee nur lauwarm war, denn Mami hatte es voll erwischt. Genauso wie den Tisch selbst und den Teppich. Die machte ihrer „Freude“, bevor sie sich umzog, noch Luft: „Toll! Super gemacht!“

Für den Rest des Tages musste der Nachwuchs sich mit Keksen zufriedengeben. Nicht als Strafe, aber meiner Freundin war der Bock auf Tee ziemlich vergangen. Für das Kind wohl das geringste Problem, weshalb es sowieso eine sinnbefreite Strafe gewesen wäre.

Aber anbei: Für ein Versehen wäre die extrem kontraproduktiv gewesen. So was kann jedem im Eifer des Gefechts mal passieren.

Um nicht weiter abzudriften: Am nächsten Tag hatte die Mutter sich wieder beruhigt und wollte das Risiko auf gut Glück noch mal wagen. Also dasselbe Szenario mit Tee und Keksen. Der Tee kam übrigens immer nur lauwarm auf den Tisch! Da ging sie auf Nummer sicher. Während ihres Nachmittagsrituals rief ihre Schwester an und heulte ihr etwas vor. Themen, die der junge Mann nicht mitbekommen sollte. Also hastete sie kurzerhand mit dem Telefon ins Schlafzimmer.

Nach circa 20 Minuten hatte sie ihre Schwester beruhigt und das Telefonat beendet. Also schlenderte sie zurück ins Wohnzimmer. Ihre Augen wurden riesig, als sie sah, was ihr Nachwuchs angerichtet hatte. Dasselbe Szenario wie gestern. Nur waren Tisch, Stühle und vor allem Teppich noch nasser als davor. Offensichtlich meinte er, ihn gießen zu müssen wie eine Pflanze, die kurz davor ist, den Geist aufzugeben. Zu allem Übel grinste er meine Freundin auch noch stolz an: „Guck mal, Mama!“ Und zeigte dabei auf das Chaos, das sie ihm zu verdanken hatte.

Die schrie ihn an: „Sag mal, gehts noch?!“ Und schickte ihn in sein Zimmer. Was der Mini so gar nicht verstehen konnte. Jetzt war es nicht mehr ihre Schwester, sondern ihr Sohnemann, der sich einen abheulte. Und dabei immer wieder lauthals bis ins Wohnzimmer betonte, dass er doch gar nichts gemacht hatte.

Hatte er auch nicht. Richtig? Die Mutter fand es ja schließlich klasse, dass er die Teekanne umgeschmissen hatte. Zumindest beim ersten Mal. Hatte sie doch selbst gesagt. Und genau das war

IHRE Panne. Kommen in den Augen dieser Eltern alle Menschen als Alles-Checker und Überflieger zur Welt?! Wenn Sie mit Ihrem Nachwuchs ironisch sprechen, ist das IHR Pech! Und kommt dementsprechend wie in diesem Beispiel auf Sie zurück. Kein Grund zu jammern und erst recht nicht, das Kind zu bestrafen. Das ist nämlich noch nicht in der Lage, zu verstehen, dass Mama in der Aussage „Das hast du super gemacht" eigentlich das „super" durch „scheiße" ersetzen würde. Es nimmt Sie beim Wort! Also bitte – sparen Sie sich die Ironie für die Teeniezeit Ihres Nachwuchses auf!

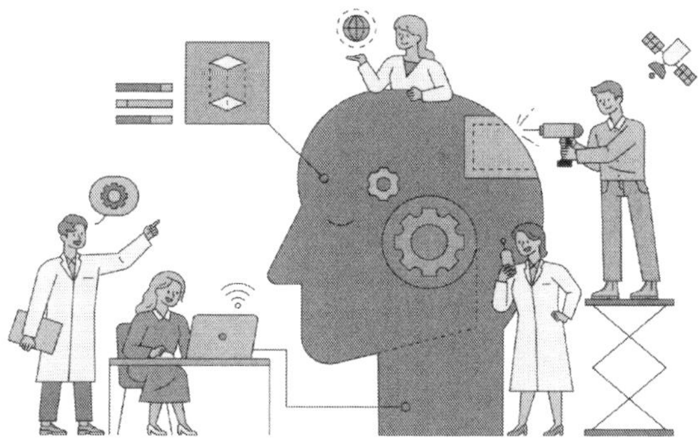

Nachweise, dass konsequenzloses Erziehen zu Fehlentwicklungen führt

Kindern Regeln vorzuposaunen, ist das das eine und schön und gut. Damit ist es aber nicht getan! Wenn es doch nur so einfach wäre. Nichts da. Die Eltern sind und bleiben mit im Rennen. Es nützt nämlich nichts, dem Nachwuchs in der Theorie zu erklären, was vermeintlich richtig oder falsch ist. Nicht, wenn Mama und Papa in der Praxis gegensätzlich handeln oder ihren Kids die Regeln nicht nachvollziehbar erläutern. Das erklärt Professor Arthur Dobrin, ein emeritierter Professor, der einst zu den Mitgliedern der „Ethical Humanist Society of Long Island" zählte.

Zur konsequenten Erziehung gehört also auch, dem Nachwuchs zu erklären, warum es wichtig ist, sich an besagte Regeln zu halten. Bleibt das aus, rutschen Eltern schon in die Inkonsequenz und dürfen sich bei sich selbst bedanken. Die Kleinen werden die Regeln brechen, denn sie haben ja gar keine Ahnung, weshalb sie sie erfüllen sollten.

Dasselbe gilt, wenn die Eltern Zucker verhöhnen und verbieten, sich ihn aber (regelmäßig) vor den Augen der Kleinen reinziehen. Offensichtlich kann er ja nicht so schädlich sein und an den Worten nicht viel dran sein. Eine weitere Form von Inkonsequenz, die die Jungs und Mädels verleiten wird, es den „Großen" gleichzutun. Ganz egal, was die ihm alles erzählen. Ja, auch Erwachsene sind nur Menschen und im Leben samt Alltag kommt man nun mal schwer an Ausnahmen vorbei. Die sollten den Kids aber nachvollziehbar erklärt werden. NACHDEM! es sich an die Norm gewöhnt hat.

Auch Immanuel Kant untermauert diese „Weisheit" mit seinem populären und kategorischen Imperativ: „Handle nur nach derjenigen Maxime, durch die du zugleich wollen kannst, dass sie ein allgemeines Gesetz werde."

Den größten und gleichzeitig bekanntesten Fehlgriff begehen Eltern, wenn sie ihren Nachwuchs beim Regelbruch erwischen und ihn das brav und wortlos durchgehen lassen. Es folgt keine Konsequenz auf das Verhalten, noch Erklärungen und Gründe. Hier darf sich jeder mal in die Lage seiner Kids versetzen und sich die Frage stellen: Welchen Grund haben die Kleinen, in diesem Fall auf Mama und Papa zu hören?!

Was lässt sich daraus nun schließen? In besagten Fällen werden die Kinder nicht konsequent erzogen. Das nimmt ihnen das Vertrauen und oft auch den Respekt vor den Eltern. Was fatal ist, wenn wir bedenken, dass Vater und Mutter (oder andere Erziehungsberechtigte) doch die wichtigsten Bezugspersonen für die kleinen Menschen darstellen sollten. Sind sie nicht in der Lage, ihrer Rolle entsprechend nachzukommen, mangelt es dem Nachwuchs an Sicherheit. Die wiederum zählt nach den physiologischen Bedürfnissen wie Atmen, Essen und Trinken zu den wichtigsten für die Aufwachsenden. Das verdeutlicht Maslow anhand seiner Bedürfnispyramide, die auch in den Quellenangaben des Buches wiederzufinden ist.

Wird der Bedarf nicht erfüllt, fehlt ihnen Halt und Orientierung im Leben.

Anhand der Forschung sehen wir, was dabei herauskommt. Im Gegensatz zu Nachwuchs, der konsequent (aber natürlich liebevoll!) erzogen wurde, fällt es ihnen deutlich schwerer, Selbstdisziplin zu entwickeln. Was bedeutet das? Viele dieser Kids haben ein Problem damit, ihre Emotionen zu kontrollieren. Sie sind in der Regel weniger selbstständig als andere Jugendliche und legen auch ein geringeres Durchhaltevermögen an den Tag.

Was viele verwundern und eventuell sogar schockieren wird: Auch permanentes Lob, das unbedacht und teilweise unberechtigt! in den Raum geworfen wurde, wirkte sich negativ aus. Die Teenies gaben sich weniger Mühe, etwas zu erreichen. Zudem wiesen sie ein geringeres Selbstwertgefühl auf.

Auch Glücksgefühle zu entwickeln, fiel ihnen schwerer. Schließlich hatten sie gelernt, dass ihnen (fast) alle ihrer (materiellen) Wünsche erfüllt wurden. Damit lebten sie in dem Glauben, dass Glück ausschließlich mit der Erfüllung aller Wünsche einhergeht.

Die Fähigkeit, auf andere einzugehen und Empathie zu fühlen, war ebenfalls eingeschränkt. Sie bekamen in der Kindheit durch Toben und Quengeln was sie wollten und übernahmen dieses Verhalten in der Grundstruktur mit in ihre Jugend.

Viele hatten Probleme damit, sich Regeln und Gruppen ein- oder unterzuordnen.

Auch trotziges Verhalten gegenüber Lehrern zählte dazu.

Ihr Risiko für körperliche Beschwerden war erhöht. Karies und Übergewicht sowie Konzentrationsprobleme, die oft von Schlafmangel herrührten, waren unter anderem zu nennen. In ihrer späteren Selbstständigkeit waren sie eingeschränkt. Ohne Mutter und Vater zu leben, fiel ihnen schwer.

Dieser harte Tobak konnte hoffentlich verdeutlichen, dass Konsequenz in der Erziehung nicht nur eine Modeerscheinung darstellen sollte. Kommen wir also zur folgenden Frage:

Wie kann man Kinder erziehen, ohne die eigenen Interessen, Wünsche und Pläne permanent zu vernachlässigen?

Ja, auch Sie haben noch Ihr eigenes Leben. Auch als Mutter oder Vater. Schon klar. Aber wie vertreten Sie das, wo doch so viel Zeit und Kraft für die Erziehung Ihres Nachwuchses einhergeht? Die Antwort ist schwer und einfach zugleich. Seien Sie – wer hätte es gedacht – konsequent! Legen Sie feste und klare Regeln an den Tag. Treffen Sie mit Ihren Kids genauso feste Abmachungen, was passiert, wenn sie denen nicht nachkommen. Und dann halten Sie sich daran! Das wird Ihnen nicht nur Sohnemann und/oder Töchterlein danken, sondern auch Sie selbst. Die Kids gewöhnen sich an den Ablauf, werden vermutlich immer seltener Regeln brechen. Und wenn doch – dann sind Sie gewappnet und müssen sich nicht noch irgendwas Kreatives aus den Fingern saugen. Das spart Zeit und Kraft. Für beide Seiten!

Auch feste Schlafenszeiten gehören dazu, in denen Sie dann genüsslich Ihre Chips futtern, sich den neuesten Thriller reinziehen oder die Nägel feilen können. Von Ausnahmen hatten wir es schon mal und davon, dass selbst die vorbildlichsten Eltern mal einer Cola vor den Kinderaugen nicht widerstehen können. Was gilt in diesem Fall? Richtig! Es bleibt bei einer Ausnahme. Und die wird Ihren Sprösslingen nachvollziehbar erklärt.

Vermeiden des Wegs des geringsten Widerstands

Da hat Sohnemann sein Zimmer nicht aufgeräumt und jetzt ist das Geschrei groß, weil es doch nicht auf den Spielplatz geht. Obwohl abgemacht war, dass er sich zuerst um seine Bude kümmert. Ach, wie schön wäre es ... nichts da! Da müssen Sie jetzt durch. Und der Kleine auch. Weshalb sollten Sie ihn noch mit Schaukel und Rutsche belohnen? Oder sich selbst, „nur" um Ohren und Nerven zu schonen? Sie wissen genau, dass Letztere sich in dem Fall nur kurzzeitig erholen dürfen. Dann steigt Ihnen der Nachwuchs dafür die nächsten Male umso öfter und lauter aufs Dach. Und das Zimmer ist erst recht nicht aufgeräumt. Also gilt: Augen (und Ohren) zu und durch! Wenn Sohnemanns Drang nach dem Spielplatz zu groß wird, hat er ja immer noch die Möglichkeit, sich zu erbarmen und sein Spielzeug in die Kiste zu schmeißen. Sie werden ihm dabei auch nicht helfen. Nicht, wenn die Aufgabe an ihn allein gerichtet war. Sonst haben Sie bald einen neuen Job als seine persönliche Assistentin. Und – sind wir ehrlich – an Arbeit mangelt es Ihnen wahrscheinlich auch bislang nicht?!

Von Beginn an lernen, mit Abweisung, Verneinung, Konsequenzen und Niederlagen umzugehen

Keiner sieht seine Sprösslinge gerne traurig oder wütend. Trotzdem gehören diese Situationen und Gefühle mit dazu. Sowohl für Ihre Kleinen als auch für Sie. Sie haben Ihre Tochter im „Mensch ärger dich nicht" besiegt? Nein, Sie werden es jetzt nicht so darstellen, als wäre ein Fehler unterlaufen und das Fräulein eigentlich als Gewinnerin hervorgehen lassen. Dem Spiel wurde sein Name nicht umsonst zugeteilt. Nehmen Sie die Tochter in den Arm, nehmen Sie ihre Gefühle an und wahr. Wichtig ist, dass sie versteht, dass jeder mal verliert und das nichts über ihren Wert als Person aussagt. Sie immer respektiert und geliebt wird. Aber wenn sie jetzt nicht verliert, dann spätestens im Kindergarten. Verschonen Sie die anderen Kids und die Erzieher und erledigen Sie Ihre Arbeit jetzt! Indem Sie Ihrem Nachwuchs auch mal zugestehen, Niederlagen zu erleben, traurig und/oder wütend zu sein. Das sind Gefühle, die ihm in diesem Leben noch oft unterkommen werden. Ihn immer davor zu behüten, ist sowieso nicht möglich. Das mit dem „Mensch ärgere dich nicht" war natürlich nur ein Beispiel. Es gilt für so ziemlich alle Lebenslagen. Wie auch, wenn ein Kind nicht mit ihm spielen oder befreundet sein möchte.

Ihr Sprössling hat ein Recht darauf, die verschiedenen Facetten des Lebens zu erfahren. Je eher er damit konfrontiert wird, desto eher lernt er, damit umzugehen, und ist für später gewappnet.

Halleluja! Die 12 Gebote – Forderungen eines Kindes an seine Eltern (Aus einer Kinderarztpraxis und in einer Kita aushängend)

1. Verwöhne mich nicht!

Ich weiß genau, dass ich nicht alles bekommen kann. Ich will dich nur auf die Probe stellen.

Ihr Kind braucht nicht das neueste Super-Spielzeug und fünf Schränke voller weiterem Krimskrams, den es teilweise nicht mal anrührt. Weniger ist mehr und wird dann auch stärker geschätzt. Ihrem Kind alles hinterherzuschieben, das es sich wünscht, macht es nicht glücklicher. Glücklich macht es, auch mal Grenzen gesetzt zu bekommen.

2. Sei nicht ängstlich, im Umgang mit mir standhaft zu bleiben!

Mir ist Haltung wichtig, weil ich mich dann sicherer fühle.

Konsequenz tut Ihrem Nachwuchs nicht weh. Im Gegenteil. Es vermittelt ihm Halt und stärkt sein Selbstbewusstsein. Wichtig ist nur, dass Sie liebevoll konsequent handeln.

3. Weise mich nicht im Beisein anderer zurecht, wenn es sich vermeiden lässt! Ich werde deinen Worten mehr Bedeutung schenken, wenn du zu mir leise und unter vier Augen sprichst.

Auch Sie selbst schenken Ihrem Gegenüber wahrscheinlich mehr Gehör, wenn Sie unter sich sind und er sich respektvoll mit Ihnen unterhält. Warum sollte das Ihrem Nachwuchs anders gehen?

Außerdem fühlt er sich leicht bloßgestellt, wenn Sie ihm vor anderen die Leviten lesen. Ein scheiß Gefühl!

4. Sei nicht fassungslos, wenn ich zu dir sage: „Ich hasse dich!“

Ich hasse dich nicht, sondern deine Macht, meine Pläne zu durchkreuzen.

Für Kinder hat das Wort „hassen“ noch nicht den Stellenwert, den er bei uns Erwachsenen einnimmt. Sie kennen natürlich die grobe Bedeutung, denken aber nicht groß darüber nach. Genauso wenig wie darüber, was ihre Worte bei ihrem Gegenüber anrichten können. Da fällt die Aussage „Ich hasse dich“ schnell mal, wenn der beste Freund oder die beste Freundin heute nicht über Nacht bleiben dürfen. Im nächsten Moment ist der vermeintliche Hass aber wieder verflogen.

5. Bewahre mich nicht immer vor den Folgen meines Tuns!

Ich muss auch peinliche und schmerzhafte Erfahrungen machen, um innerlich zu wachsen.

Ihren Nachwuchs vor allem zu beschützen, wird Ihnen nie gelingen und ihn stattdessen zu einem Weichei (v)erziehen. Und das ist nicht Ihr Ziel. Oder?!

6. Meckere nicht ständig! Ansonsten schütze ich mich dadurch, dass ich mich taub stelle.

Natürlich sollen Sie Ihre Kids auf ihr Fehlverhalten ansprechen. Aber der Ton macht die Musik! Und eine Erklärung, die, je nach Situation, mit einer logischen Konsequenz einhergeht, wirkt besser als jedes Gemecker!

7. Mache keine vorschnellen Versprechungen!

Wenn du dich an deine Versprechungen nicht hältst, fühle ich mich schrecklich im Stich gelassen.

Ihr Nachwuchs möchte Ihnen vertrauen und das sollte er auch für seine Entwicklung tun können. Das Vertrauen geht mit gebrochenen Versprechen aber schnell flöten. Mal ehrlich: Geht es Ihnen als Erwachsener anders?

8. Sei nicht inkonsequent!

Das macht mich unsicher und ich verliere mein Vertrauen zu dir.

Konsequenz hat nichts mit Härte und Lieblosigkeit zu tun. Im Gegenteil. Gerade eine konsequente Erziehung, die mit Gefühl einhergeht, zeigt Ihren Kids, dass Sie sie lieben. Zudem fühlen sie sich mit einem roten Faden in der Erziehung sicher und geborgen.

9. Unterbrich mich nicht und höre mir zu, wenn ich Fragen stelle!

Sonst wende ich mich an andere, um dort meine Informationen zu bekommen.

Sie wollen von Ihren Jungs und Mädels ernst genommen werden. Dasselbe trifft auch auf die Kleinen zu. Zeigen Sie also, dass Sie sie ernst nehmen, indem Sie ein offenes Ohr für die Kids haben und sie grundsätzlich aussprechen lassen. Ganz egal, ob Sie glauben, die Antwort schon zu kennen. Sie wissen eben nicht immer alles! Und dieser Punkt hat auch viel mit Respekt zu tun.

10. Lache nicht über meine Ängste!

Sie sind erschreckend echt, aber du kannst mir helfen, wenn du versuchst, mich ernst zu nehmen.

Was für Sie vielleicht lachhaft ist, ist für Ihren Nachwuchs vollkommener Ernst. Egal, wie logisch für Sie etwas erscheint: Die Ängste der Kleinen sind real. Vermitteln Sie ihnen also auch, dass Sie ihre Ängste wahr- und ernstnehmen. Fühlen sich die Kids verspottet, haben sie bald die Schnauze voll davon, sich mit ihren Sorgen an Sie zu wenden. Ein riesiger Vertrauensbruch für die Eltern-Kind-Beziehung.

11. Denke nicht, dass es unter deiner Würde sei, dich bei mir zu entschuldigen!

Ehrliche Entschuldigungen erwecken bei mir ein Gefühl von Zuneigung und Verständnis.

Menschen machen Fehler. Ob Alt oder Jung, Groß oder Klein. Auch Sie. Ihr Nachwuchs wird eher auf Sie zukommen, wenn er merkt, dass Sie zu Ihren Fehlern stehen. Das ist authentisch! Kotzen Sie nicht auch so manche Leute an, die es einfach nicht auf die Reihe kriegen, sich mal zu entschuldigen? Was soll passieren?! Keine Sorge: Ein Fingernagel wird Ihnen davon nicht abbrechen. Sie brauchen auch keine Panik haben, vor Ihrem Nachwuchs als schwach dazustehen. Eher macht es Sie menschlich!

12. Versuche nicht, so zu tun, als seist du perfekt und unfehlbar!

Der Schock ist groß, wenn ich herausfinde, dass du es doch nicht bist.

Die Rede von Punkt 11 passt auch perfekt zu diesem. Sie sind ein Mensch, Sie machen Fehler. Punkt, aus! Davor schützt Sie weder Ihr Alter noch Ihre Erfahrung. Wir lernen für den Rest unseres Lebens und das vor allem durch Fehler. Es wird Sie üble Kraft kosten, das vor Ihrem Nachwuchs zu vertuschen. Und funktionieren wird es schon zehnmal nicht! Also: Raus mit der Sprache. Die Kleinen werden nicht schreiend davonrennen! Ganz sicher nicht. Diese Gefahr besteht eher, wenn er früher oder später realisieren muss, dass Sie eben doch nicht Superman- oder woman sind. Und diesen Schock würden Sie ihm sicher gerne ersparen?!

Schlussfolgerung/Feststellung: Eine Menge Eltern unterliegen dem Fehlglauben, sie müssten ihren Nachwuchs mit Samthandschuhen anfassen, ja, sogar vor jedem kleinen Regentropfen bewahren. Aber wie soll das Kindchen denn lernen, dass der Regen ihm nichts Böses will, wenn Mama und Papa sofort einen Schirm über ihm aufspannen, wenn es gerade minimal zu nieseln beginnt?! Die Natur weiß schon, was sie tut. Sie hat keine Mimosen in die Welt gesetzt, sondern kleine Menschen, die eben NICHT aus Zucker sind. Das wäre ja ziemlich kontraproduktiv. Die Kleinen können nur wachsen, wenn sie nicht panisch vor jedem Leid abgeschirmt werden. Es ist wichtig, für sie da zu sein und im Hintergrund bereit zu stehen. Das vermittelt ihnen Sicherheit und Vertrauen. Wer sich aber wünscht, dass die Kids eines Tages ihr Leben auch ohne Mama und Papa auf die Reihe kriegen und Selbstvertrauen entwickeln, darf ihnen nicht alles abnehmen. Stattdessen muss er ihnen eigene Erfahrungen zugestehen.

Schlusswort

Ich hoffe, dass die Fragezeichen in Ihrem Kopf sich in Ausrufezeichen wandeln konnten und das Stirnrunzeln während der Fallbeispiele nicht zu tiefe Falten verursacht hat.

Wenn Ihnen jetzt klar ist, welche Fehler Sie auf jeden Fall umgehen sollten, hat das Buch sein Ziel erreicht. Sollten Sie sich vor Lachen noch (zusätzliche) Bauchmuskeln antrainiert haben, ist das der Bonus.

Denken Sie immer daran: Nobody is perfect. Und das verlangt auch niemand von Ihnen! Kleine Fehler sind menschlich und das wird auch Ihr Nachwuchs verzeihen.

Vergessen Sie auch nicht, Ihre Kleinen auf liebevolle! Weise konsequent zu erziehen. Nicht nur Inkonsequenz schadet den Kids, sondern auch fehlende Wärme.

Haftungsausschluss

Die Umsetzung aller enthaltenen Informationen, Anleitungen und Strategien dieses E-Books erfolgt auf eigenes Risiko. Für etwaige Schäden jeglicher Art kann der Autor aus keinem Rechtsgrund eine Haftung übernehmen. Für Schäden materieller oder ideeller Art, die durch die Nutzung oder Nichtnutzung der Informationen bzw. durch die Nutzung fehlerhafter und/oder unvollständiger Informationen verursacht wurden, sind Haftungsansprüche gegen den Autor grundsätzlich ausgeschlossen. Ausgeschlossen sind daher auch jegliche Rechts- und Schadensersatzansprüche. Dieses Werk wurde mit größter Sorgfalt nach bestem Wissen und Gewissen erarbeitet und niedergeschrieben. Für die Aktualität, Vollständigkeit und Qualität der Informationen übernimmt der Autor jedoch keinerlei Gewähr. Auch können Druckfehler und Falschinformationen nicht vollständig ausgeschlossen werden. Für fehlerhafte Angaben vom Autor kann keine juristische Verantwortung sowie Haftung in irgendeiner Form übernommen werden.

Urheberrecht

Impressum

Originalausgabe

Erste Auflage 2022

Kontakt:
Maik Cabrera Ferling
Braußpark 11
20537 Hamburg

ISBN: 9798812734503

Covergestaltung: Danileoart
Satz und Layout: Danileoart
www.danileoart.com

Printed in Poland
by Amazon Fulfillment
Poland Sp. z o.o., Wrocław

93669072R00058